# Deje una viva IMPRESIÓN... ¡sea maestro!

 Recopilación de

## Clancy P. Hayes

Gospel Publishing House
Springfield, Missouri 65802-1894
02-2006

Tercera impresión 2004

# Índice

# Prefacio

*Deje una viva impresión . . . ¡sea maestro!* tiene como propósito acompañar el texto *Dadles lo que quieren: cómo convertir la escuela dominical en un lugar donde la gente quiere estar.* Estos dos volúmenes de estudio, junto con un tercero que está en desarrollo, tienen como fin revitalizar el ministerio de los maestros de la escuela dominical y ver que el esfuerzo de ellos sea eficaz para la transformación de los alumnos a través del Espíritu Santo y de la palabra de Dios.

La premisa de este libro es que los maestros, a través del ministerio en la iglesia local, tienen una función de mucha importancia en el reino de Dios. Sin maestros, la labor del discipulado no podría llevarse a cabo con eficacia. Sin maestros que realicen su labor, la iglesia eventualmente moriría. Sin embargo, sabemos que esto no ocurrirá; Cristo nos aseguró que la Iglesia nunca sería destruida. Él permanece fiel a su promesa; constantemente llama hombres, mujeres, niños, y niñas a la espiritual tarea de la enseñanza.

No obstante algunos maestros no se sienten preparados para el desempeño de su responsabilidad. Cada semana se paran ante la clase y se preguntan qué hacen allí y cómo ve Dios el resultado del esfuerzo de ellos. Debido a esta frustración, muchos abandonan el llamado. Esto no debe ocurrir.

Conforme lea este libro, los autores esperan que usted encuentre aliento y dirección para su enseñanza. Cada uno se propone tenderle la mano en este pedregoso sendero de la enseñanza. El enemigo quiere que usted tropiece; quiere desanimarlo. Use las palabras de este libro para combatir el temor y el desánimo; no deje de pelear la buena batalla, especialmente en tiempos de adversidad.

En la primera sección de este volumen, se comenta la importancia de su llamado y la unción que lo acompaña. Queremos que usted comprenda la trascendencia de su influencia en la vida de sus alumnos y que reconozca maneras de fortalecer esa influencia. Exploraremos la influencia que su ejemplo puede ejercer y la importancia de que conozca a sus alumnos.

En la segunda sección, señalamos la importancia de definir metas y prioridades. También exploramos maneras de aplicar la creatividad en el salón de clase. En el capítulo 7 se comenta un aspecto de la enseñanza que normalmente se pasa por alto: la relación entre creencia y conducta. Finalmente, destacamos la importancia del papel que los maestros juegan en el proceso del evangelismo.

Estamos conscientes de que en un libro de este tamaño no es posible atender toda necesidad e inquietud de los maestros. Sin embargo, creemos que podemos ofrecerles un buen panorama, uno que esperamos lo estimule a profundizar en el estudio. Gospel Publishing House cuenta con recursos de estudio adicionales. Estos también pueden ayudarlo a alcanzar mayor efectividad en la tarea que Dios le ha encomendado.

El departamento de Ministerios de la Escuela Dominical introdujo un nuevo formato para el material del líder que complementa los textos de entrenamiento de obreros. Hemos recibido comentarios positivos de quienes han usado el juego de materiales para el líder.

Hemos usado el nuevo formato para el material del líder que complementa este texto. Este práctico juego del líder consiste en el libro del alumno, el libro del maestro, y un disco compacto. El disco compacto contiene versiones reproducibles de la guía del maestro en inglés y en español, y presentaciones en PowerPoint para facilitar la enseñanza de los conceptos que se exponen en el libro del alumno. Usted puede ordenar el juego del líder a través de su distribuidor de materiales Vida Radiante.

Conforme lea, usted se enriquecerá con la experiencia de especialistas en 5 diferentes niveles de edad. El material que se presenta en este libro no ha sido uniformado. En los diversos capítulos se han conservado la variedad de talentos individuales, estilos, y enfoques. Esperamos que disfrute esta variedad; estamos seguros de que usted se beneficiará con los años de vasta experiencia con que cada autor enriquece su trabajo.

Los colaboradores de este libro tenemos una deuda de gratitud con los diversos departamentos de Gospel Publishing House por la exitosa conclusión de este proyecto. Nuestro especial agradecimiento a Natalia Ray por efectuar la corrección de prueba del texto en inglés y en español; a Glen Ellard por la magistral edición del texto en inglés que dio coherencia y unidad a la obra; a Janet Arancibia por la traducción al español. Finalmente, queremos dar las gracias a Donna Swinford por coordinar los aspectos técnicos de este proyecto.

Nuestro anhelo es que Dios use esta herramienta para multiplicar la efectividad de los maestros en diferentes lugares del mundo.

## Un maestro que deja una viva impresión

# Confía en el llamado de Dios

por
Wes Bartel

Dios nos pone en áreas específicas, nos da el mensaje que debemos comunicar con nuestra vida, y después trabaja con nosotros en el cumplimiento de nuestra labor.

—Clarence St. John

La escena era una extraña reminiscencia del día de carreras en Churchill Downs. Quince cuerpos, todos alerta al toque de la campana. Cuando finalmente se escucha, se produce la estampida, como si hubiesen sido liberados de una eterna cautividad.

Esta es la escena de cada domingo en la mañana en que 15 niños, de 9 a 11 años de edad, esperan el fin de la clase. La muy merecida reputación de estos jovencitos hace estremecer hasta el maestro más denodado.

El pastor se sentó tranquilamente en su estudio y leyó la carta de renuncia de la última víctima. Musitó una oración para pedir sabiduría y pidió al Señor de la mies que enviara obreros. La clase necesitaba a alguien que sintiera una carga por esos muchachos y que pudiera encauzar la energía de esas jóvenes vidas. No eran malos niños. ¡Eran simplemente niños! Además, muchos venían de un hogar mal constituido donde tal vez muy poco habían aprendido acerca de cortesía, obediencia, o autoridad.

Sin embargo, Dios había traído esas jóvenes vidas a la iglesia, y el pastor sentía el deber de atenderlos. Este deber tiene su base en un valor no negociable que la iglesia había adoptado como filosofía espiritual. Allí estaba, publicado con grandes letras en su oficina y en la entrada de la iglesia: "Cada persona tiene el derecho a una presentación del evangelio a su nivel de entendimiento." Ahora él enfrentaba el desafío de encontrar a alguien que hiciera esa presentación a estos muchachos.

Los requisitos para ocupar el cargo eran relativamente sencillos. El aspirante debía ser más rápido que una bala, más poderoso que una locomotora, y capaz de un solo salto pasar al otro lado de un alto edificio. Lamentablemente, el pastor no conocía a nadie con esas características.

Repentinamente, el pastor escuchó la voz del Señor que presentaba su propia lista de requisitos para el trabajo. No eran las habilidades de un superhombre. Esta descripción comenzaba simplemente con la palabra *disposición.* Dios utilizaría a cualquiera que se identificara con aquella descripción. Más aun, el Señor sugería un candidato.

José era un tranquilo y modesto campesino de unos treinta años de edad. Nunca había enseñado. El pastor sabía que la sola mención de un ministerio publico provocaría una reacción que necesitaría el auxilio de un dermatólogo. Todos apreciaban a José, pero nadie lo habría considerado un candidato para un desafío tan extraordinario. Sin embargo, el pastor decidió proceder como sugería la vocecita en su corazón.

A la hora acordada, José apareció en la oficina del pastor con su ropa de trabajo y una sonrisa. El pastor estaba preparado para la respuesta acostumbrada: "¡Usted está bromeando, pastor!" Pero esa respuesta nunca se escuchó. José simplemente dijo: "Pastor, nunca he enseñado una clase y no sé cómo hacerlo. Pero prometí al Señor que estaba dispuesto a servir en lo que fuera. Puesto que esta fue mi promesa, creo que soy la persona con quien usted puede contar."

El pastor oró con José, le dio material de entrenamiento para que lo leyera, y dedicó las siguientes semanas a ayudarlo con la clase. El cambio fue extraordinario. Los niños estaban entusiasmados, y José se entregó de lleno al desarrollo espiritual de ellos. Dentro de poco la clase que tenía fama de rebelde, se convirtió en un grupo de discípulos. José mismo vino a ser uno de los mejores maestros de la iglesia.

Pronto llegó Semana Santa, y José apenas podía contener su entusiasmo. Preparó un desayuno especial e invitó a sus alumnos. Todo resultó bien y era obvia su euforia. Sin embargo, en las semanas siguientes el estado de ánimo de José empezó a cambiar.

José se reunió con el pastor para hablar acerca de su preocupación. Lamentó tener que decir al pastor que el Domingo de Pentecostés no podría enseñar la clase; rogó que se lo disculpara. "¿Por qué?"—quiso saber el pastor. José pensaba que no sería conveniente enseñar acerca del tema puesto que él no era bautizado en el Espíritu Santo. Creía el asunto tratado en la lección, pero consideraba que no estaba autorizado para hablar de algo que él mismo nunca había experimentado.

El pastor se sintió aliviado. Considerando que el problema de José no tenía que ver con el hecho de creer o no en la doctrina, el pastor lo animó a que enseñase la lección. Le aseguró que "Dios cumple su palabra", y lo aconsejó que terminara la clase con oración por aquellos alumnos que quisieran ser bautizados. Y que además pidiera a su clase que lo ayudaran a orar para que él mismo tuviera la experiencia de este don.

El domingo llegó y el pastor susurró una oración por los jovencitos y su maestro. Cuando el período de clase terminó, el pastor notó que la clase de José todavía estaba en el salón. El servicio comenzó, y el maestro y los alumnos no asomaban. Finalmente, antes mismo del sermón, maestro y alumnos entraron al santuario; sonriente, José hizo una seña afirmativa al pastor.

Después del servicio, el pastor se enteró de lo que había ocurrido. José explicó que había enseñado la lección tal como el pastor le había aconsejado. Después oró por los jovencitos que querían ser bautizados en el Espíritu Santo, y nueve de ellos vivieron la experiencia. Después pidió a los niños que oraran por él. Así el grupo de muchachos desgarbados rodeó al maestro y pusieron las manos sobre él. Elevaron una oración sencilla pero profunda, y Dios cumplió su palabra. Uno de ellos describió lo que ocurrió: "Todos miramos mientras orábamos y vimos que el maestro se mecía. Alguien gritó—¡Ojo, que cae!—y tuvimos que movernos rápidamente porque el maestro se desplomó."

José celebró el Domingo de Pentecostés con la experiencia del bautismo en el Espíritu Santo. El llamado se consumó cuando el voluntario respondió a la especial unción de Dios en su vida.

¿**Q**uiere usted ser un maestro que deja una viva impresión en sus alumnos? ¡Obviamente! La lectura de este libro es testimonio de ello. Sin embargo, antes de comentar cómo puede ser un maestro que deje una impresión perdurable en sus alumnos, debemos comentar acerca de la especial unción y el llamado relacionados con la enseñanza.

Nuestra misión no es negociable y debe ser nuestra prioridad si queremos que se cumpla el plan de Dios para su Iglesia. Cristo dijo: "Por tanto, id, y haced discípulos a todas las naciones, bautizándolos en el nombre del Padre, y del Hijo, y del Espíritu Santo; *enseñándoles* que guarden todas las cosas que os he mandado" (Mateo 28:19,20, énfasis del autor).

## Razones

¿Qué pensamientos vienen a su mente cuando escucha los términos "enseñanza" o "maestro" respecto al ministerio de la iglesia, específicamente en relación con la escuela dominical? En la mayoría de los casos, el cuadro que nos pintamos es una clase que hemos enseñado o una clase de la que hemos sido alumnos. Aunque tal vez no haya problema alguno en relación con ese cuadro, si esperamos comprender a cabalidad nuestra tarea y nuestro desafío debemos tantear con mayor detenimiento su verdadero significado.

### Definición de la tarea

Roy Zuck, un afamado educador cristiano, dice: "El don de la enseñanza es una habilidad sobrenatural que el Espíritu confiere con el fin de exponer (explicar y aplicar) la verdad de Dios. La enseñanza es el don de la instrucción y de la aplicación sistemáticas de las doctrinas (o enseñanzas) de la verdad divina."[1]

C. Peter Wagner, autor de *Your Spiritual Gifts Can Help Your Church Grow* [*Sus dones espirituales pueden contribuir al crecimiento de su iglesia*], define la enseñanza como "la habilidad especial que Dios da a ciertos miembros del cuerpo de Cristo, para que comuniquen información pertinente a la salud y al ministerio del Cuerpo y sus miembros, de manera tal que otros aprendan."[2]

El diccionario *Larousse* (edición 2001) define *maestro* como quien "personalmente o a través de su obra ejerce una enseñanza sobre los demás". Enseñar se define como "dar advertencia, ejemplo, o escarmiento".

Estas definiciones implican la naturaleza de servicio del ministerio de la enseñanza y el papel de quien cumple ese servicio. Como maestros, tenemos una razón específica de pertenecer al cuerpo de Cristo.

## El respaldo bíblico del maestro

Las Escrituras claramente afirman que el ministerio de la enseñanza es uno de los especiales dones de Dios a la iglesia. El apóstol Pablo comenta el tema en su carta a los Efesios: "Él mismo constituyó a unos, apóstoles; a otros, profetas; a otros, evangelistas; a otros pastores *y maestros*" (Efesios 4:11, énfasis del autor).

En su primera carta a los Corintios, Pablo comenta el tema de unidad y de la diversidad en la iglesia y concluye su instrucción con las siguientes palabras:

> Vosotros, pues sois el cuerpo de Cristo, y miembros cada uno en particular. Y a unos puso Dios en la iglesia, primeramente apóstoles, luego profetas, *lo tercero maestros,* luego los que hacen milagros, después los que sanan, los que ayudan, los que administran, los que tienen don de lenguas. ¿Son todos apóstoles? ¿son todos profetas? ¿todos maestros? ¿hacen todos milagros? ¿Tienen todos dones de sanidad? ¿hablan todos lenguas? ¿interpretan todos? Procurad, pues, los dones mejores. Mas yo os muestro un camino aun más excelente" (1 Corintios 12:27-31, énfasis del autor).

Note la elevada posición que el apóstol Pablo asigna a la enseñanza en su lista de dones espirituales.

## El propósito de la enseñanza

El apóstol Pablo también explica el principal propósito de los cinco dones enumerados en Efesios 4: "A fin de perfeccionar a los santos para la obra del ministerio, para la edificación del cuerpo de Cristo" (Efesios 4:12). Así como los apóstoles, los profetas, los evangelistas, y los pastores son indispensables para la obra de la iglesia, también lo son los maestros. La función de ellos es esencial para el propósito de Dios en el discipulado.

Si el principal enfoque de la Gran Comisión es "[hacer] discípulos a todas las naciones", el método principal para cumplir esta tarea es "[enseñarles] que guarden todas las cosas que [Cristo nos ha] mandado". Sería difícil, tal vez imposible, realizar la labor del verdadero discipulado en la iglesia sin el deliberado desarrollo[3] y el estímulo del ministerio de la enseñanza.

## La perpetuación de la fe

Es temible concluir que la iglesia está próxima a la extinción espiritual. Por otra parte, esta condición es un estímulo para que los cristianos realicemos las tareas que tienen como meta propagar la causa de Cristo.

La Biblia es muy clara acerca de la importancia de que una generación comunique su fe a la próxima generación. En el Antiguo Testamento, Dios instruye al pueblo de Israel: "Por tanto, guárdate y guarda tu alma con diligencia, para que no te olvides de las cosas que tus ojos han visto, ni se aparten de tu corazón todos los días de tu vida; antes bien, *las enseñarás* a tus hijos, y a los hijos de tus hijos" (Deuteronomio 4:9, énfasis del autor). El principio de la perpetuación es un mandato que Dios insiste que se mantenga para evitar cualquier deserción generacional.

El mismo principio puede verse en el Nuevo Testamento cuando Pablo instruye a Timoteo: "Tú, pues, hijo mío, esfuérzate en la gracia que es en Cristo Jesús. Lo que has oído de mí ante muchos testigos, esto encarga a hombres fieles que sean idóneos *para enseñar también a otros*" (2 Timoteo 2:1-2, énfasis del autor). La

puerta abierta del ministerio, hagamos una pausa para asegurarnos de que nuestros propósitos armonizan con los propósitos de Dios.

## Apropiémonos de las promesas de Dios

### La promesa de su presencia

Momentos antes de ascender al cielo, Jesús habló a sus discípulos y los comisionó. Les dijo: "Toda potestad me es dada en el cielo y en la tierra. Por tanto, id, y haced discípulos a todas las naciones, bautizándolos en el nombre del Padre, y del Hijo, y del Espíritu Santo; enseñándoles que guarden todas las cosas que os he mandado; y he aquí *yo estoy con vosotros todos los días, hasta el fin del mundo"* (Mateo 28:18-20, énfasis del autor).

¡Qué palabras tan reconfortantes! La promesa de la constante presencia de Cristo es absolutamente esencial para la preparación de cualquier maestro. Por eso, antes de comenzar la preparación, el maestro sabio se dispondrá a dar la bienvenida a la presencia de Dios en el proceso de aprendizaje. ¿Por qué? ¡Porque el Espíritu Santo es el divino ayudador del maestro!

En su artículo "The Holy Spirit and the Task of Teaching" [El Espíritu Santo y la labor de la enseñanza], L. R. Bartel afirma:

"Sería razonable que el mismo Espíritu que impulsó a los hombres a escribir palabras inspiradas participe en el proceso de comprensión y de aplicación de la palabra de Dios. La presencia del Espíritu Santo no es un sustituto del estudio diligente, sino un factor que lo facilita."[4]

Pablo exhortó a Timoteo: "Procura con diligencia presentarte a Dios aprobado, como obrero que no tiene de qué avergonzarse, que usa bien la palabra de verdad" (2 Timoteo 2:15).

### La promesa de su ayuda

*Paracleto* es una palabra griega que se usa en el Nuevo Testamento con referencia al Espíritu Santo. La versión Reina-Valera traduce esta palabra como *Consolador.* Las palabras que se emplean en otras versiones son *Consolador o Defensor.* La palabra *paracleto* denota la idea de alguien que va al lado de un amigo para ayudarlo y socorrerlo.

El Espíritu Santo nos ayuda cuando participa en la preparación y en el proceso de enseñanza. Él aguza nuestro poder de observación. Nos ayuda a entender el verdadero significado del texto. Él hace posible que el texto cobre vida en maneras que nunca imaginamos.

Bartel añade:

> El Espíritu Santo es un Ayudador y un Maestro para el maestro cristiano. Él ayuda al maestro a ver la importancia de lo que Dios ha revelado en su Palabra, a comprender sus inferencias y aplicaciones, y a disfrutar el descubrimiento personal de su verdad. Los buenos maestros, por su parte, deben orar, planear, y estructurar las oportunidades para que el Espíritu Santo realice las mismas obras milagrosas en la mente y en el corazón de sus alumnos.[5]

Qué hermosa promesa hizo el Señor, cuando dijo: "Y yo rogaré al Padre, y os dará otro Consolador, para que esté con vosotros para siempre: el Espíritu de verdad, al cual el mundo no puede recibir, porque no le ve, ni le conoce; pero vosotros le conocéis, porque mora con vosotros, y estará en vosotros. No os dejaré huérfanos; vendré a vosotros" (Juan 14:16-18).

## Revestidos del poder de Dios

### *Salvación*

El requisito espiritual mínimo de todo maestro de escuela dominical es la transformación individual a través del proceso de la salvación (Romanos 6:20-23; 1 Corintios 6:11; Tito 3:5). Quienes han recibido el llamado a enseñar verdades espirituales deben haber conocido la realidad transformadora del nuevo nacimiento por el Espíritu de Dios.

Roy Zuck dice: "Solo los maestros que han sido regenerados por el Espíritu de Dios . . . están cualificados para enseñar verdades cristianas. El descuido de esta característica es destruir las líneas que demarcan la mera educación religiosa de la educación cristiana. El plan de Dios es enseñar a través de personalidades regeneradas en las que Él habita."[6]

## Santificación

La transformación personal progresa de la salvación al proceso de santificación, y el resultado es un carácter semejante a Cristo, que en las Escrituras se identifica como el "fruto del Espíritu". El carácter cristiano es esencial para la enseñanza eficaz. Los maestros que realmente quieren dejar una buena y permanente impresión en sus alumnos deben percatarse de que se requiere más que materiales de enseñanza, métodos, y destrezas para la comunicación. Se requiere un estilo de vida que se caracteriza por la conducta cristiana.

### Bautismo en el Espíritu Santo

Antes de su ascensión, Cristo prometió a sus discípulos: "Pero recibiréis poder, cuando haya venido sobre vosotros el Espíritu Santo, y me seréis testigos..." (Hechos 1:8).

El bautismo en el Espíritu Santo está al alcance de todos los creyentes y provee un poder indispensable para el ministerio transformador (Mateo 3:11; Lucas 3:16; Hechos 2:1-4). Jesús habló de que debemos tener una vestidura especial para el ministerio, "investidos de poder de lo alto" (Lucas 24:46-49); poder para presentar el evangelio no solo verbalmente, sino a través del ejemplo. Esto no debe de extrañar a los maestros de escuela dominical. La norma de ellos deber ser "haz lo que digo" y "haz lo que hago". Los maestros cristianos tienen una obligación con los alumnos que va más allá de las palabras: motivar el cambio de vida por ser un ejemplo, alguien a quien imitar. Como Pablo dijo a los corintios: "Sed imitadores de mí, así como yo de Cristo" (1 Corintios 11:1).

## Transformados por la presencia de Dios

En el Antiguo Testamento, los sacerdotes y los reyes eran apartados y ungidos para la tarea que debían cumplir (Éxodo 29:7; 1 Samuel 9:15,16; 1 Samuel 10:1). Jesús usó el término *ungido* cuando describió la misión que el Padre le dio. Él citó al profeta Isaías: "El Espíritu del Señor está sobre mí, por cuanto me ha ungido para dar buenas nuevas a los pobres; me ha enviado a sanar a los quebrantados de corazón; a pregonar libertad a los cautivos, y vista a los ciegos; a poner en libertad a los oprimidos; a predicar el año agradable del Señor" (Lucas 4:18,19).

En las Escrituras el término *ungido* se usa para describir la presencia del Espíritu de Dios en la vida de aquellos que eran apartados para el servicio en el Reino. De hecho, Jesús de Nazaret fue conocido como "el Mesías" o "el Cristo", que quiere decir "el ungido de Dios".

Dios todavía unge personas y, para el maestro de su Palabra, es una parte esencial de la preparación que se requiere para el ministerio. Si Dios lo escoge para el ministerio de la enseñanza, Él lo ungirá para ese servicio.

Permítame darle una palabra de advertencia. La unción no es una sensación que viene y que desaparece. No es algo que Dios le da un domingo y otro no. Es una realidad constante y perdurable en la vida del maestro. La manera más precisa de describir la unción es tal vez en términos de una constante presencia del Señor. Sin lugar a dudas, hay ciertos momentos en que sentimos la presencia de Dios obrar con más poder en nuestra vida, sin embargo, debemos reafirmar lo que el apóstol Juan escribió: "La unción que vosotros recibisteis de él permanece en vosotros..." (1 Juan 2:27).

¿Es la unción del Espíritu necesaria para el maestro de hoy? Lo es, si el deseo del maestro es bien impresionar la vida de sus alumnos.

## Presentación

Indudablemente el momento supremo del maestro es la presentación de la lección. La planificación eficaz, la oración, y la presentación deben poner al maestro en una posición donde sea posible ver cambios en la vida de los alumnos. Todas las partes encajan. El maestro depende ahora de la obra del Espíritu Santo para preparar el corazón de los alumnos y fortificar las palabras de la presentación.

La presentación de la lección es muy importante. Pero la efectividad de ella se medirá en directa relación con la presentación del maestro mismo ante el Señor. Nuestra efectividad como maestros depende de que desechemos actitudes de gratificación personal, que generalmente caracterizan al cristiano carnal. Pablo lo resume cuando declara: "Así que, hermanos, os ruego por las misericordias de Dios, que *presentéis vuestros cuerpos* en sacrificio vivo, santo, agradable a Dios, que es vuestro culto racional" (Romanos 12:1, énfasis del autor).

Apóyese en el Espíritu Santo. Cuando lo haga, Dios tomará lo que una vez fue mero esfuerzo humano y lo tornará en un encuentro divino cuando el Espíritu unja su enseñanza.

La labor de la enseñanza siempre será más efectiva cuando, antes, durante, y después de la enseñanza, nos presentamos al Señor como sus siervos. Este acto de humildad nos convierte en vasos de barro que el Señor puede utilizar, que pueden dejar una profunda y positiva huella en la vida de los alumnos.

## Expectativas

Para muchos maestros la medida de buen éxito es la consumación de un plan de clase. Una de las principales preocupaciones de los maestros acerca del currículo es que el contenido sea más que lo que se pueda cubrir en una sesión. Generalmente, esta declaración apunta a un problema respecto de lo que se espera de la lección.

La pregunta que debemos responder acerca de la expectativa se relaciona con el propósito. ¿Cuáles son sus metas? ¿Qué meta quiere alcanzar cuando enseña? ¿Es su meta cubrir un determinado material, diseminar conocimiento bíblico, o tiene para la clase o para el alumno una expectativa y un propósito más profundos?

El escritor de Proverbios dice: "Muchos pensamientos hay en el corazón del hombre; mas el consejo de Jehová permanecerá" (Proverbios 19:21). Hay una fuerza que impulsa a cada maestro. Cada cosa que hagamos debe ser gobernada por una fuerza o por un supuesto. El maestro siempre debe preguntarse: "¿Qué meta quiero alcanzar en mi clase?"

Entre todas las metas que puede tener, hay dos expectativas bíblicas que deben ser parte de la declaración de propósito de todo maestro: evangelismo y discipulado.

# Evangelismo

Es imperativo que al planear la clase se incluya la oportunidad para que la persona decida iniciar una debida relación con Dios. El evangelismo debe ser uno de los principales enfoques de la iglesia en general y de la escuela dominical en particular (Juan 3:16,17; Marcos 16:15-18; Juan 17:18).

Desde los albores del movimiento de la escuela dominical, el enfoque central ha sido el cumplimiento de la Gran Comisión. Los precursores creían que la escuela dominical funcionaría satisfactoriamente solo si se delineaba una estrategia de evangelismo clara y deliberada.

En el libro *Sunday School: The Formation of an American Institution* *[Escuela Dominical: La formación de una institución norteamericana]*, Anne M. Boylan escribe: "Una de las primeras metas de los maestros evangélicos de escuela dominical fue sencillamente impartir conocimiento religioso y la relación de ello con la conducta de los jóvenes de estrato social bajo."

> Aunque los maestros no esperaban que la instrucción que impartían garantizara la conversión, sí esperaban que la posterior conversión de los alumnos que participaban en reuniones de avivamiento y que creían que la instrucción en la escuela dominical por lo menos 'rectificaría e iluminaría su conciencia', produciría individuos prudentes y sobrios.[7]

Si queremos ser una iglesia y una escuela dominical que enfatiza la Gran Comisión, debemos diseñar nuestras clases con el evangelismo en mente. Debemos proveer una oportunidad de que la gente responda al evangelio de Cristo. No debemos sentirnos conformes hasta que en nuestra clase podamos ver personas que han sido realmente transformadas por el poder de Cristo. Nuestra expectativa de buen éxito siempre debe suponer la conversión.

# Discipulado

¡Edificamos gente! Aunque algunos reconocen esta aseveración como una filosofía de ministerio que se ha promovido en las congregaciones, esta frase representa mucho más que una campaña promocional. Una razón importante de nuestra existencia en el reino de Dios es discipular a otros, edificarlos en la fe.

El discipulado puede definirse como el proceso que permite que una persona se convierta en un pleno y competente seguidor de Jesucristo. No es un ministerio ni un programa. Es un compromiso perenne con un estilo de vida transformado. El proceso implica convertirse en un fiel seguidor de Cristo, en alguien comprometido con Él y conocedor de las Escrituras.

En otras palabras, no debemos conformarnos únicamente con evangelismo. Aunque nos regocijamos cuando un miembro de la clase confiesa sus pecados y recibe a Cristo como Salvador, siempre debemos ver esa conversión como solo el comienzo de la travesía espiritual a la madurez en Cristo. Nuestra comprensión del evangelismo siempre debe incluir el discipulado.

El discipulado no se da en el aire. El mejor resultado se obtiene en el marco de una iglesia o de un grupo de personas que se han comprometido a cambiar y a crecer espiritualmente. El discipulado no se asegura solo porque creamos en él o porque queramos que sea efectivo. Este se alcanza por el estudio de la Biblia, la atención y la paciencia, los buenos consejos, el ejemplo digno de imitar, y por la posibilidad de rendir cuenta a otra persona. Todos estos son componentes de una escuela dominical efectiva, que debe ser la posición de todos los maestros que han de tener buen éxito. La iglesia no puede faltar a su deber en relación con estos componentes. Ellos nos convierten en maestros que dejan una buena y viva impresión en la vida de los alumnos.

## Evaluación

1. Lea la oración de David que aparece en el Salmo 139. Después, enumere las razones de su participación en el ministerio de enseñanza de su iglesia.

2. Defina en un párrafo o en una oración la manera en que usted ve su tarea como maestro de escuela dominical.

3. ¿Cómo describiría el llamado de Dios en relación con su ministerio?
4. ¿Qué áreas de preparación identificaría para su perfeccionamiento como maestro u obrero cristiano?
5. Dedique tiempo a evaluar a sus alumnos y la relación de ellos con Dios. Haga un inventario espiritual y sugiera maneras en que puede ayudarlos.

## Notas

[1]Roy B. Zuck, *Spiritual Power in Your Teaching* [*Poder espiritual en su enseñanza*], (Chicago, Ill.: Moody Press, 1972), 70.

[2]C. Peter Wagner, *Your Spiritual Gifts Can Help Your Church Grow* [*Sus dones espirituales pueden contribuir al crecimiento de su iglesia*], (Ventura, Calif.: Regal Books, 1979), 127.

[3]Intencional: "Administración del proceso de discipulado de manera estratégica y deliberada". Este uso especializado del término *intencional* fue tomado de la filosofía *We Build People* [*Edificamos Gente*], proceso de discipulado deliberado gobernado por valores. Los recursos de *We Build People* [*Edificamos Gente*] están a su disposición a través de Gospel Publishing House.

[4]L.R. Bartel, "The Holy Spirit and the Task of Teaching" [El Espíritu Santo y la labor de la enseñanza], (Springfield, Mo.: Gospel Publishing House, 1988), 119.

[5]Ibid., 110.

[6]Zuck, 17-8

[7]Anne M. Boylan, *Sunday School: The Formation of an American Institution* [*Escuela Dominical: La formación de una institución norteamericana*], (New Haven, Conn.: Yale University Press, 1988), 6.

## Un maestro que deja una viva impresión

# Es ejemplo del carácter de Cristo

por
Sharon Ellard

No hay en la tierra un poder que produzca un cambio de vida más efectivamente que el de un ejemplo piadoso.

—Wes Bartel

El trabajo en una mina de carbón subterránea requiere de personas que sean tan duras como el oscuro mineral que se extrae de las profundidades. Estos son individuos que se divierten con la misma intensidad con que trabajan. Estos suponen que todos se divierten y juegan de la misma manera que ellos. Para muchos, las drogas y el alcohol son tan comunes como la caja para la merienda: parte de lo que significar ser "uno de los muchachos".

David Hailey era definitivamente "uno de los muchachos". Para sus amigos él era como cualquier otro compañero de trabajo. David era una persona amable. Era un buen mecánico de minas; un buen trabajador. Había adquirido todas las comodidades que un cheque puede pagar y en la superficie todo parecía normal. Sin embargo, en su interior había un hombre que, como un trozo de tela barata, rápidamente se deshace. Él había comenzado a gastar más de lo que ganaba, a beber exageradamente, y a consumir más drogas de las que podía tolerar.

Cuando se habló de la reorganización de la compañía, la noticia cayó como un martillo sobre los empleados de la mina. La pérdida de trabajo y de la esperanza pronto se convirtió en el ciclo de vida de cada día. Pronto el pesimismo, como una nube, cubrió el pueblito en la montaña. David suspiró de alivio cuando, en vez de despedirlo, lo transfirieron al último turno y lo entrenaron para que se desempeñase como soldador. A pesar de lo miserable que parecía, no se había acabado la vida.

Un espigado hombre de Texas, Guillermo José Watson, fue el

primero que dio la bienvenida a David cuando esa noche éste se presentó por primera vez en su nuevo trabajo. Si se lo comparaba con los demás que trabajaban bajo tierra, Watson parecía un tanto fuera de lugar. Sin embargo, este amable hombre tenía una personalidad que casi de inmediato atrajo a David. La confianza y el aire sereno de Watson, que no se veía en los demás mineros, impresionaron a David. Watson tenía algo que lo hacía diferente.

Dentro de poco David se dio cuenta de que su amigo tenía dos temas de conversación favoritos. Siempre hablaba de los Vaqueros de Dallas (equipo de fútbol americano) y de Jesucristo. *¡Guillermo José Watson era cristiano!* ¡Y no le importaba que lo demás lo supieran! David pronto se dio cuenta de que el testimonio de Watson era más profundo que sus palabras. Había un marcado contraste entre el sentido personal de la moral de Watson y el de los demás mineros. La influencia de Watson era como aire fresco para un hombre cuya vida se desmoronaba. En las semanas que siguieron, una relación positiva nació entre los dos hombres. Por primera vez, David Hailey tuvo que enfrentar algunos de los duros asuntos de la vida que había eludido por tanto tiempo. Aunque David comenzó a pensar en su propia salud espiritual, su mayor preocupación era su hija de 5 años. "¡No quiero que Jésica vaya al infierno!" —decía.

El nuevo amigo de David sugirió que la niña asistiera a la escuela dominical en la Primera Asamblea de Dios de Gran Junction, Colorado. David no estaba seguro de sí quería enviar a Jésica a aprender de desconocidos en un lugar al que él nunca había ido. Por eso, decidió llevarla él mismo. David llevaba a su hija a la iglesia, la acompañaba al salón de clase, daba media vuelta y se iba. Más tarde, después del servicio, regresaba a buscarla. Aunque su contacto era breve, lo impresionaba la amabilidad de las personas y la acogida que le daban.

Lo que consideraba particularmente poderoso era la influencia positiva de la maestra de escuela dominical en la vida de Jésica. Durante 10 años, Beatriz Smith había sido maestra en la Primera Asamblea de Dios y con seriedad había obedecido el llamado de Dios. Una noche la maestra llamó al hogar de la familia Hailey y pidió a

David que ayudara a su hija a memorizar un versículo. El versículo era Juan 14:1: "No se turbe vuestro corazón; creéis en Dios, creed también en mí." David leyó el versículo a su hija, pero el Espíritu Santo se lo leyó a él. El impacto de ese versículo fue más profundo de lo que Beatriz pudo imaginar. David creía en Dios, pero nunca había entregado su vida a Cristo.

Dos semanas más tarde David asistió a un servicio y respondió a una simple invitación del pastor a aquellos que querían pedir a Cristo que se hiciera cargo de la vida de ellos.

Él y su esposa, Diana, de inmediato comenzaron a participar en una clase de escuela dominical y empezaron a crecer y a madurar espiritualmente. Con el tiempo, quisieron ayudar a la maestra de primer grado y, finalmente, quisieron ser maestros de una clase. Continuaron creciendo y se les ofreció la oportunidad de ser pastores de los niños de la iglesia, la misma iglesia que 10 años antes David, un minero, había pisado por primera vez.

Actualmente, David es pastor de niños de una iglesia, en Fort Collins, Colorado. Cada fin de semana ministra a más de 400 niños. Su ministerio consiste en 5 servicios que se llevan a cabo entre sábado y domingo, y 456 clubes para pequeños grupos que reúnen a niños de cuarto, quinto, y sexto grado. Hoy, David influye en cientos de niños así como Guillermo José Watson y una maestra de escuela dominical influyeron en él.

¿**Q**ué atrajo David Hailey a Jesucristo? Primero, el contraste entre la paz y la confianza con que José Watson trabajaba en la mina y la confusión que David sentía. Segundo, Beatriz Smith fue capaz de llegar al corazón de la hijita de David. Lo impresionó cuando ella llamó para que ellos, como padres, ayudaran a su hija a memorizar un versículo. El Espíritu Santo escogió el momento propicio para esa llamada, de tal manera que ese versículo ministrara al confundido corazón de David. Para atraer a David, Dios empleó el carácter cristiano de sencillos creyentes.

Después que David aceptó el don de la salvación, los principios que aprendió en la clase de escuela dominical comenzaron a cambiar su pensamiento y su conducta. Él aprendió que debía usar la Biblia como la brújula moral que guía y protege. Él descubrió y desarrolló sus propios dones para el ministerio. Por último, David se convirtió en maestro. Hoy, a través de las lecciones que enseña y de su carácter cristiano, él influye en la vida de muchos jóvenes.

## Razones

Si miramos las propagandas en la televisión, veremos celebridades que promueven desde una marca de espagueti a una empresa punto com. Los patrocinadores pagan mucho dinero a atletas y actores para que la gente los vea que comen cierto cereal, conducen cierto vehículo, o visten una determinada marca de ropa. De hecho, los atletas famosos pueden ganar más dinero por modelar para una compañía que por ganar un torneo. Sólo en un año, Tiger Woods, que ha ganado 9 millones de dólares en torneos de golf, ganó 53 millones con la promoción de productos[1]; con su foto ganó casi seis veces lo que obtuvo con su habilidad atlética.

¿Por qué las empresas están dispuestas a pagar tales sumas de dinero a personas que tal vez saben muy poco o tal vez ni siquiera les interesa su producto? Sencillamente, con el fin de obtener aceptación por asociación. Los patrocinadores creen que si ven que Tiger Woods come cierto cereal, los fanáticos comprarán el producto para sentirse campeones. En una cultura gobernada por los medios de comunicación, se considera una buena inversión pagar a una celebridad para la promoción de un artículo. Cuando las personas compran algún producto es al menos posible que se dejen llevar por la persona con quien lo asocian.

¿Cuál es la relación de lo que acabamos de comentar con el maestro que bien impresiona la vida de sus alumnos? En primer lugar, la manera en que sus alumnos acepten las verdades de la Biblia depende, en cierta medida, de la manera en que usted vive esas verdades. Los alumnos de la escuela dominical esperan que quienes enseñan la Palabra sean un ejemplo vivo del resultado del amor, la confianza, y la obediencia a Dios.

Segundo, los alumnos aprenden tanto de la imitación como de la información. En este aspecto, no basta con pagar a una celebridad para que promueva un producto. Medite en lo siguiente: ¿Cómo puede usted convertirse en un buen jugador de golf? ¿Por comer cereal o por tener a Tiger Woods como entrenador? La mayoría, con gusto tomaría clases de golf con Tiger Woods. Él es un jugador profesional exitoso, y confiaríamos más en su habilidad que en su gusto. ¿Creen sus alumnos que usted es un cristiano exitoso? ¿La manera en que usted vive los hace confiar en lo que usted enseña?

## Responsabilidades

Cuando usted aceptó ser maestro de la escuela dominical, ¿consideró que parte de la descripción de su trabajo es su vida misma? Tal vez usted se pregunte si puede pasar por alto este aspecto de la enseñanza. La respuesta es no. La manera en que responde a las verdades de la Biblia determinará lo que usted puede esperar de sus alumnos. Jesús lo expresó de la siguiente manera: "El discípulo no es superior a su maestro; mas todo el que fuere perfeccionado, *será como su maestro*" (Lucas 6:40, énfasis del autor).

Aunque el tiempo con sus alumnos es limitado, nunca subestime la habilidad de su carácter y de su conducta para confirmar o para negar lo que usted presenta a la clase.

## Llamados a un estilo de vida

¿Es un estilo de vida esperar demasiado de un maestro? Desde luego, la respuesta es no. Sencillamente es consejería espiritual. Los maestros que dejan una buena impresión en sus alumnos comprenden la perogrullada de que lo que ellos *son* tiene mayor fuerza que lo que dicen. En gran medida la buena impresión que producimos en la vida de nuestros alumnos requiere que vivamos de manera que puedan ver claramente en nosotros la continua influencia de Cristo. Una de las razones de que los alumnos de la escuela dominical anhelen ser como Cristo es porque ven que su maestro de escuela dominical sigue a Cristo y lo refleja en su vida.

Dios mismo estableció este modelo de discipulado y enseñanza. "Sed, pues, *imitadores* de Dios como hijos amados. Y andad en amor, *como también* Cristo nos amó, y se entregó a sí mismo por nosotros, ofrenda y sacrificio a Dios en olor fragante" (Efesios 5:1,2, énfasis del autor). Tanto Dios Padre como Cristo se ofrecen como ejemplos que los discípulos deben imitar.

Si queremos ser maestros que tocan positivamente la vida de sus alumnos, necesitamos ofrecer nuestra vida como un modelo que ellos puedan imitar. Cuando un maestro, como el apóstol Pablo, dice: "Sed imitadores de mí, así como yo de Cristo" (1 Corintios 11:1), establece un modelo para el discipulado por imitación. Cuando el maestro no practica abiertamente lo que profesa, la enseñanza estará desprovista de credibilidad y de autenticidad.

## Dios continúa su obra en nosotros

Felizmente, Dios está dispuesto a comenzar su obra y a desarrollar el carácter de Cristo en nosotros en la condición en que estemos cuando lo encontramos. En 1 Corintios 1:26-31, Pablo hace una descripción de la estrategia de Dios:

> Hermanos, deben darse cuenta de que Dios los ha llamado a pesar de que pocos de ustedes son sabios según los criterios

humanos, y pocos de ustedes son gente con autoridad o pertenecientes a familias importantes. Y es que *[deliberadamente]*, para avergonzar a los sabios, Dios ha escogido a los que el mundo tiene por tontos; y para avergonzar a los fuertes, ha escogido a los que el mundo tiene por débiles. Dios ha escogido a la gente despreciada y sin importancia de este mundo, es decir, a los que no son nada, para anular a los que son algo. Así que nadie podrá presumir delante de Dios. Pero Dios mismo los ha unido a ustedes con Cristo Jesús, y ha hecho también que *Cristo sea [todo los que tenemos:]* nuestra sabiduría, nuestra justicia, nuestra santificación y nuestra liberación. De esta manera, como dice la Escritura: *"Si alguno quiere enorgullecerse, que se enorgullezca del Señor"* (Dios Habla Hoy–Versión Popular; énfasis del autor).

¡Qué alivio . . . al menos para muchos de nosotros! Aunque Dios espera que los maestros sean ejemplos del carácter de Cristo, no espera que sean superestrellas con un extenso curriculum vitae lleno de extraordinarias proezas espirituales. Dios, generalmente, recluta líderes (esa es la función del maestro) de las filas de gente corriente.

¿Por qué no elige Dios "a los sabios y a los fuertes"? Quienes representan a Dios deben ser ejemplo de su poder transformador. Dios llama a recaudadores de impuestos. Él redime hombres que trabajan en minas de carbón, como David Hailey. Dios quiere que sus alumnos vean en usted mismo la obra que Él puede realizar. Dios quiere que cuando termine la clase de escuela dominical, y al considerar la vida del maestro y la enseñanza, los alumnos tengan la certeza de que también Él los ayudará a desarrollar su carácter cristiano. Dios, no el maestro, debe ser el centro de la atención de todos en la clase de escuela dominical.

# Preparación

¿Cómo transforma Dios al común "don-nadie" en un ejemplo de carácter cristiano? En Efesios, Pablo presenta un resumen del proceso: "[Deben] revestirse de la nueva naturaleza, creada a imagen de Dios y que se distingue por una vida recta y pura, basada en la verdad" (Efesios 4:24, Versión Popular).

¡Dios comienza el cambio en el interior de la persona! A través de la oración, del estudio de la Biblia, y de la obra del Espíritu Santo, Él nos hace recordar a Cristo y nos convence de pecado. Estos cambios internos comienzan a reflejarse en nuestra conducta. Cuando nos asemejamos a Cristo interiormente, también la semejanza se hace obvia exteriormente.

## ¿Hay alguna semejanza?

Piense en la vida de Cristo. Piense ahora en su vida. ¿Qué semejanzas ve? El maestro que deja una buena impresión en sus alumnos se compromete a presentar un modelo auténtico (en vez de perfecto) del carácter de Cristo. Representa a Cristo a través de su semejanza con Él. De hecho, cuando aceptó la responsabilidad de la enseñanza, usted dio el primer paso en el proceso de la semejanza con Él, el Maestro por excelencia.

El maestro renuncia a su posibilidad de ser él mismo alumno de escuela dominical para invertir tiempo y recursos en el desarrollo espiritual de otros.

Los directores ejecutivos de las grandes compañías contratan celebridades como Tiger Woods. Jesucristo recluta gente común, después las transforma para que lo representen y que el ejemplo de ellos inspire a otros a seguirlo. Esta es la verdad acerca de la escuela dominical. Cada semana miles de maestros presentan la palabra de Dios a cientos de miles de alumnos.

Para ser maestros de escuela dominical auténticos, no necesitamos ser superestrellas. No obstante, ¿cómo nos preparamos para ser ejemplo del carácter de Cristo al tiempo que enseñamos lecciones que tienen por meta no solo la información, sino la transformación?

## Identifique los rasgos del carácter de Cristo

En Efesios 5:2 se nos dice que seamos imitadores de Dios y de Cristo. El ejemplo de Cristo fue que "nos amó, y se entregó a sí mismo por nosotros. Ofrenda y sacrificio a Dios en olor fragante". Romanos 12 ofrece un paralelo que podemos seguir en nuestro proceso de semejarnos a Cristo. "Así que, hermanos, os ruego por las misericordias de Dios, *que presentéis vuestros cuerpos en sacrificio vivo, santo, agradable a Dios, que es vuestro culto racional*" (Romanos

12:1, énfasis del autor). Cristo murió en la Cruz como un sacrificio. Nuestra vida debe ser un constante sacrificio a Dios.

¿Pero cuál es el significado de este pasaje? La versión parafraseada del Nuevo Testamento, *The Message [El Mensaje]*, de Eugenio Peterson lee de la siguiente manera: "Con la ayuda de Dios: Tomen su vida cotidiana: el descanso, la comida, el trabajo, y todos lo demás, y pónganla ante Dios como una ofrenda" (Romanos 12:1).

Peterson describe este proceso como un "cambio del interior al exterior" (v 2). ¿Le parece familiar? El resto del capítulo 12 presenta una lista de ministerios específicos y de respuestas que Dios considera "expresiones espirituales de adoración". El versículo 7 menciona la enseñanza. Dios ve la enseñanza como un acto de adoración del que presenta su propia vida como una ofrenda. Lea la siguiente lista e identifique los rasgos del carácter de Cristo que Dios ha comenzado a desarrollar en su vida.

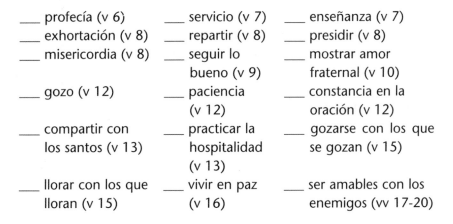

___ profecía (v 6)  ___ servicio (v 7)  ___ enseñanza (v 7)

___ exhortación (v 8)  ___ repartir (v 8)  ___ presidir (v 8)

___ misericordia (v 8)  ___ seguir lo bueno (v 9)  ___ mostrar amor fraternal (v 10)

___ gozo (v 12)  ___ paciencia (v 12)  ___ constancia en la oración (v 12)

___ compartir con los santos (v 13)  ___ practicar la hospitalidad (v 13)  ___ gozarse con los que se gozan (v 15)

___ llorar con los que lloran (v 15)  ___ vivir en paz (v 16)  ___ ser amables con los enemigos (vv 17-20)

El mundo de hoy necesita ver los rasgos del carácter de Cristo en las personas con que tratan a diario. Sus alumnos necesitan ver que usted imita a Cristo con los ministerios y las respuestas que se enumeran en Romanos 12. Son adoración y son rasgos del carácter de Cristo. Cuando usted se concentra en el desarrollo de esos rasgos en su propia vida, estos comenzarán a emerger en su conducta y sus alumnos podrán verlos e imitarlos.

# Presentación

Examinemos con mayor atención cuatro de los rasgos de carácter que se enumeran en Romanos 12 y que Cristo incluyó en su enseñanza. Después, consideremos cómo usted puede ser ejemplo de ellos para sus alumnos.

## Jesús fue movido por la compasión (Romanos 12:15)

Cuando Jesús vio la necesidad de la gente, se identificó con ellos y respondió de manera compasiva.

¿Ha notado alguna vez que la necesidad puede interrumpir nuestros planes, incluido el plan de clase? Desde nuestra perspectiva humana, la vida de Cristo estuvo llena de interrupciones. Cuando acompañó a su madre a una boda, repentinamente se acabó el vino y Él hizo lo que tal vez no habríamos esperado: suplió la necesidad cuando convirtió el agua en vino (Juan 2:1-11). Él "iba pasando" por Jericó cuando vio a Zaqueo en un árbol (Lucas 19:1-6). Alimentó 5 mil personas, cuando según nuestra percepción no había planeado hacerlo (Marcos 6:30-44). Cada vez que surgió una necesidad que para nosotros habría sido inesperada, Jesús respondió con compasión.

Algunos maestros de escuela dominical se incomodan cuando las necesidades de los alumnos interrumpen el plan de clase que han preparado. Yo era uno de esos maestros. Me sentía frustrada si las necesidades de mis alumnos interrumpían el fluir de mi lección. Había dedicado horas al estudio de la lección y a la preparación de recursos. Sentía la presión del tiempo que debía durar la clase de escuela dominical; tenía básicamente 50 minutos para cubrir todo el plan de clase que había elaborado.

Si un alumno entraba al salón llorando (soy maestra de niños y las lágrimas son algo común), yo quería que el llanto cesara pronto para que pudiéramos volver a la "verdadera" lección. Supongo que si hubiera enseñado una clase de jóvenes o de adultos, los alumnos tal vez habrían querido hablar acerca de su semana en la escuela. Los adultos quizás habrían llegado entusiasmados o agotados debido a los acontecimientos de la semana. La etapa de la vida de mis alumnos no era mi mayor problema, sino mi falta de comprensión de las prioridades al enseñar.

Mi principal enfoque era el contenido de la lección. Paulatinamente y con amor Dios transformó mi comprensión a una perspectiva más equilibrada de mi función como maestra de escuela dominical. Dios me ayudó a entender que mis alumnos verían mi respuesta como la respuesta de Dios. Si mi enfoque era solo comunicar el contenido de la Biblia, ellos creerían que el cristianismo es mayormente asunto de reglas que de relaciones. Cuando mi enfoque cambió a alegrarme con quienes se alegran y llorar con los que sufren, mis alumnos comenzaron a entender que las reglas de Dios nacen de su amor y su compasión por sus hijos.

La identificación con las necesidades de los alumnos es una parte importante de la enseñanza en la escuela dominical. En vez de ver las necesidades como interrupciones de la lección, debemos verlas como oportunidades de ayudar a los alumnos a ver a Dios como el Padre celestial que siempre tiene tiempo para atenderlos. Cuando respondo a los alumnos con interés compasivo, ellos ven un ejemplo de cómo Jesús respondería. Y ciertamente siempre habrá tiempo para la lección que hemos preparado, aunque debamos continuar la semana siguiente.

## Jesús tuvo paciencia con sus alumnos (Romanos 12:12)

Acostumbramos decir que Jesús fue el Maestro, y realmente lo fue. No obstante, hubo momentos en que sus mejores alumnos no entendieron. Sus ilustraciones los dejaron perplejos. ¿Por qué un hombre rico tendría tanta dificultad para entrar al reino de los cielos como para un camello pasar por el ojo de una aguja (Mateo 19:23,24)? Las parábolas de Jesús los confundían. ¿Qué tiene que ver el terreno pedregoso y la maleza con el reino de Dios (Mateo 13:1-30)? No comprendían las metas de Jesús. ¿Cuándo derrocaría Jesús a los romanos y establecería su reino en la tierra (Hechos 1:6-8)?

Jesús con paciencia respondió a las sinceras preguntas; aunque las preguntas, a veces, expresaban duda.

Cuando vio que Jesús se acercaba al río Jordán, Juan el Bautista proclamó: "He aquí el Cordero de Dios, que quita el pecado del mundo" (Juan 1:29). Más tarde, cuando se consumía en la prisión, Juan mandó a sus discípulos que preguntaran: "¿Eres tú aquel que había de venir, o esperaremos a otro?" Jesús respondió: "Id, y haced saber a Juan las cosas que oís y veis" (Mateo 11:2-6).

¿Cómo responde usted a las preguntas de sus alumnos? Es importante responder con paciencia, crear un ambiente de seguridad en que ellos puedan presentar sus interrogantes. ¿Por qué?

Primero, cuando preguntan, la atención de ellos estará enfocada en su respuesta. Las respuestas no solo harán posible que los alumnos recuerden más, sino que afianzarán la confianza de ellos en usted como maestro.

Segundo, el proceso de responder las preguntas de ellos fomenta el aprendizaje. Si junto con sus alumnos usted busca la respuestas en la Biblia, ellos adquirirán destreza y confianza para buscar las respuestas por ellos mismos. También pueden aprender a usar una concordancia o un comentario para buscar respuestas bíblicas.

Tercero, las preguntas que no se formulan no desaparecen de la mente de la persona, sencillamente se guardan en silencio. Las preguntas que no se responden generalmente son caldo de cultivo de la duda. Los maestros que con paciencia responden preguntas animan a otros a sentir confianza de expresar sus propios interrogantes y de lidiar con las dudas que tienen.

¿Pero qué ocurre si usted no sabe la respuesta? Juntos pueden buscar la respuesta. Puede decir que indagará y que procurará tener una respuesta. Puede invitar a alguien a su clase para que responda esas preguntas que presentan un desafío. Su paciencia ante las preguntas ayudará a los alumnos a presentar sus interrogantes con honradez y optimismo. La paciente respuesta a las preguntas dejará ver en usted un carácter como el de Cristo.

## Jesús oró en todo tiempo (Romanos 12:12)

La oración era el estilo de vida de Jesús. Tal vez se podría decir que la oración era el programa de acondicionamiento físico de Cristo. Él dedicaba noches enteras a la oración (Lucas 6:12). Los discípulos conocían los lugares donde el Señor iba a orar (Mateo 26:36,47; Lucas 22:39). Ellos vieron la vida de oración de Jesús y le pidieron que les enseñara a orar (Lucas 11:1).

Como maestros de escuela dominical que representamos a Cristo, necesitamos orar así como Él lo hizo. Con la oración reconocemos que dependemos de Dios. La oración abre nuestros canales espirituales y nos hace conscientes de la dirección del Espíritu en el ministerio de la enseñanza. Es posible que no siempre conozcamos las necesidades de nuestros alumnos o la manera en que Dios ha obrado en la vida de ellos, pero el Espíritu Santo tiene absoluto conocimiento. A través de la oración, Dios hace la conexión. Beatriz Smith no sabía lo que ocurría en la vida de David Hailey, pero el Espíritu Santo usó la constancia de ella de querer que sus alumnos memorizaran versículos, para atraer a David al que podía calmar su atribulado corazón con la fe en Cristo. A través de la oración, el Espíritu Santo puede asociar su enseñanza con las necesidades en la vida de sus alumnos.

Por eso ore. Ore con su clase; reconozca la presencia del Espíritu Santo y su función en la enseñanza. Ore antes de la clase. Llegue temprano y pida al Espíritu Santo, que siempre está presente, que haga sentir su presencia durante la lección. Pídale que interrumpa, si ese es su plan, o que encauce la lección como Él estime necesario.

Ore durante la semana. Pida a Dios que lo transforme para poder enseñar a su pueblo. Pida a Dios que el contenido de la lección sea el factor que produzca cambio en la vida de sus alumnos. Pida a Dios que lo mantenga alerta a los recursos que lo pueden ayudar a adaptar la lección a las necesidades de su iglesia y de la comunidad. Pídale que lo ayude a encontrar la manera de llegar a la vida de las personas cuando parece que no hay forma de hacerlo. Pida a Dios que eleve su expectativa de lo que puede alcanzar si depende de Él.

Exhorte a sus alumnos a orar. Ellos lo verán orar en la clase. Hábleles de su tiempo de oración durante la semana. De vez en cuando envíeles una nota electrónica para que sepan que los recuerda en su oración. También puede comunicarse con ellos por teléfono. Los discípulos vieron a Jesús orar. Permita que sus alumnos vean la importancia de la oración en la vida de usted.

## Jesús vivió en paz con "todos" (Romanos 12:17-20)

¡Jesús vivió entre sus alumnos! Ellos vieron la manera en que respondió a toda clase de personas. Ellos vieron cómo trató con los proscritos de la sociedad. (Lea Juan 4, cuando Jesús se encuentra con la mujer en el pozo.) Los discípulos vieron a Jesús realizar labores para las que ellos mismos no se hallaban dispuestos. (Lea Juan 13:4,5, cuando Jesús lava los pies de sus discípulos.) Ellos fueron testigos de cómo Jesús respondió al escepticismo, aun entre sus propios discípulos después de su muerte en la Cruz. (Lea Juan 20:24-28, cuando Jesús dice a Tomás que toque sus cicatrices.) Ellos estuvieron allí cuando Jesús perdonó después de que lo habían abandonado. (Lea Mateo 28:8-10, cuando el Cristo resucitado avisó a sus discípulos que se encontraran con Él en Galilea.)

Nosotros también vivimos entre nuestros alumnos—dentro y fuera del salón de clases de la escuela dominical. Nuestra vida enseña, al tiempo que nuestras palabras. Nuestros alumnos ven cómo respondemos a las responsabilidades poco gratas, a los pertinaces escépticos, y a los amigos que de alguna manera nos "traicionan".

¡Sonría! ¡Usted está ante la *cámara indiscreta!*

¡No me diga! Es como estar frente a la *Cámara Indiscreta*. Alguien nos está observando en todo momento. (¿Acaso soy yo la única que se siente cohibida?)

Nuestra vida bajo constante escrutinio es una poderosa razón de que tengamos una vida de constante oración. ¿Por qué? Porque la oración constante nos hace conscientes del Espíritu de Dios en nosotros, nos cambia del interior al exterior. Cuando en nuestra vida diaria estamos atentos a su presencia, el Espíritu Santo puede presionar el botón de pausa cuando un cierto acontecimiento, en otras circunstancias, habría desencadenado una reacción poco piadosa. En esta pausa momentánea, podemos pedir una respuesta que sea mejor que nuestra norma. Después de encomendar nuestro día a Dios en oración, podemos presentar una rápida petición y pedir para ese momento una respuesta que muestre el carácter cristiano en nosotros; que atraiga la atención de la gente a la presencia de Dios en este mundo.

La oración nos ayuda también a prevenir la paranoia. En vez de estar preocupados por la forma en que otros nos perciben, nos concentramos en la manera en que Dios nos está transformando. Respondemos con la voluntad de Dios en mente, y dependemos de su Espíritu para manejar nuestras respuestas, lo que en primer lugar nos lleva de vuelta a nuestra función como maestros—atraer la atención de la gente a la presencia de Dios en este mundo.

Lo otro que debemos saber es que comunicamos nuestras luchas espirituales a nuestros alumnos de la escuela dominical, en caso de que no sean testigos oculares. Queremos que ellos sepan cómo Dios ha modificado el curso de nuestra vida diaria. Si ven lo que Dios hace en nosotros, nuestros alumnos confiarán que Dios los ayudará a ellos también. Esta clase de ejemplo no nos glorifica a nosotros (si consideramos cómo habríamos respondido normalmente), sino que glorifica a Dios en nosotros.

## Expectativas

Jesús fue un maestro que dejó una viva impresión en la vida de sus alumnos y discípulos. Aunque no enseñó una clase de escuela dominical, Él enseñó algo parecido a una clase de escuela dominical. Jesús predicó a grandes grupos, que a veces bordearon los miles, pero también se rodeó de un pequeño y diverso grupo de hombres y mujeres. Él se reveló de manera más completa a su equivalente funcional de una clase de escuela dominical.

El grupo pequeño recibió mayor influencia de Cristo que la multitud. Jesús reveló más de sí a su "clase de escuela dominical". Ellos vieron la respuesta de Jesús cuando se entristeció, cuando se enojó, y cuando estaba cansado; también lo vieron enseñar, predicar, y sanar. Cuando sus discípulos lo observaban, a veces se preguntaban: "¿Por qué respondió de esa manera?" Cuando preguntaban, Jesús generalmente les explicaba; ellos no eran simplemente parte de la multitud, eran los discípulos que además de ser alimentados, querían ser dirigidos. El pequeño grupo de discípulos, con el tiempo, adoptaría una nueva manera de pensar y de vivir.

La escuela dominical puede ser como el pequeño grupo al que Jesús enseñó. Esa pequeña compañía pudo conocer mejor a Jesús y recibir mayor influencia de Él. ¿Qué se puede decir de la clase de escuela dominical? ¿Lo conocen sus alumnos a usted mejor que a otros líderes de la iglesia? ¿Les muestra regularmente, con palabras y hechos, los cambios que Dios hace en su vida? ¿O trata usted a su clase de escuela dominical como un salón de discursos en que comparte información pero no su propia vida?

La escuela dominical es el más popular pequeño grupo de estudio bíblico en los Estados Unidos. Según Jorge Barna,[2] aproximadamente 9 de cada 10 iglesias en los Estados Unidos cuenta con una escuela dominical. Solo en las Asambleas de Dios, 120 mil miembros enseñan principios bíblicos a grupos de 5, 10, ó 25 personas, que suman alrededor de un millón de alumnos en la escuela dominical cada semana.[3] ¿Qué ocurriría si cada maestro enseñara a su pequeño grupo de alumnos con la seriedad que Jesús dirigió a su pequeño grupo de discípulos? ¿Qué cree usted que ocurriría en la vida espiritual de este país?

# Evaluación

1. ¿De qué manera su vida afecta a sus alumnos? ¿Quieren ellos ser como Cristo porque cuando consideran la vida de su maestro ven un ejemplo del cambio que Dios puede obrar en la vida de los que lo siguen hoy, en el siglo veintiuno? Jesús, que pagó con su vida para salvarnos, nos ha comisionado para que lo representemos. ¿Vivimos de manera tal que mostramos que el precio que Él pagó fue una buena inversión?

2. ¿Qué rasgos del carácter de Cristo está Dios desarrollando en usted que si sus alumnos imitan dejarían en ellos una viva impresión?

3. ¿Qué rasgos personales debe pedir a Dios que transforme a fin de ser un mejor ejemplo para sus alumnos?

4. ¿Es usted consecuente y sincero con sus alumnos? ¿Comparte usted las experiencias de su travesía espiritual? ¿Les habla de las

relaciones que Cristo ha restaurado, de las áreas vulnerables en que Él lo ha fortalecido, de las oraciones que Él ha respondido?

5. ¿Pueden sus alumnos encontrar esperanza para la vida de ellos cuando ven lo que Cristo ha hecho en su vida?

Su carácter cristiano puede ser un testimonio de Cristo tan poderoso como las lecciones que imparte. Dedique algunos minutos a evaluar la imagen de Cristo que usted proyecta y la manera en que sus alumnos la perciben.

| Romanos 12 | Jesús | Yo | | | Mis alumnos | | |
|---|---|---|---|---|---|---|---|
| Servicio | ¡Sí! | ❑ sí | ❑ a veces | ❑ todavía no | ❑ sí | ❑ a veces | ❑ todavía no |
| exhortación | ¡Sí! | ❑ sí | ❑ a veces | ❑ todavía no | ❑ sí | ❑ a veces | ❑ todavía no |
| seguir lo bueno | ¡Sí! | ❑ sí | ❑ a veces | ❑ todavía no | ❑ sí | ❑ a veces | ❑ todavía no |
| mostrar amor fraternal | ¡Sí! | ❑ sí | ❑ a veces | ❑ todavía no | ❑ sí | ❑ a veces | ❑ todavía no |
| gozo | ¡Sí! | ❑ sí | ❑ a veces | ❑ todavía no | ❑ sí | ❑ a veces | ❑ todavía no |
| paciencia | ¡Sí! | ❑ sí | ❑ a veces | ❑ todavía no | ❑ sí | ❑ a veces | ❑ todavía no |
| constancia en la oración | ¡Sí! | ❑ sí | ❑ a veces | ❑ todavía no | ❑ sí | ❑ a veces | ❑ todavía no |
| compartir con los santos | ¡Sí! | ❑ sí | ❑ a veces | ❑ todavía no | ❑ sí | ❑ a veces | ❑ todavía no |
| practicar la hospitalidad | ¡Sí! | ❑ sí | ❑ a veces | ❑ todavía no | ❑ sí | ❑ a veces | ❑ todavía no |
| gozarse con los que se gozan | ¡Sí! | ❑ sí | ❑ a veces | ❑ todavía no | ❑ sí | ❑ a veces | ❑ todavía no |
| llorar con los que lloran | ¡Sí! | ❑ sí | ❑ a veces | ❑ todavía no | ❑ sí | ❑ a veces | ❑ todavía no |
| vivir en paz | ¡Sí! | ❑ sí | ❑ a veces | ❑ todavía no | ❑ sí | ❑ a veces | ❑ todavía no |
| ser amables con los enemigos | ¡Sí! | ❑ sí | ❑ a veces | ❑ todavía no | ❑ sí | ❑ a veces | ❑ todavía no |

# Notas

¹Robert Sullivan, Venus Eskenazi, Mike Williams. "Show Them the Money," *Time* ["Muéstrenles el dinero", Time], Vol. 156, número 23, (4 de diciembre, 2000), 63.

²Barna Research Group, Ltd. (1997). *Barna Survey Reveals Current Statistics on Protestant Churches [Las encuestas de Barna revelan las estadísticas actuales en la iglesia protestante],* [Online]. Disponible en FTP:www.barna.org

³ACMR (Annual Church Ministries Report) 1999 Sunday School Statistics [Estadísticas de la escuela dominical tomadas del Informe Anual de los Ministerios de la Iglesia de 1999], información disponible de la oficina del estadístico, Concilio General de las Asambleas de Dios, Springfield, Missouri.

# 3

## Un maestro que deja una viva impresión

# Conoce a sus alumnos

por
Sharon Ellard

Si Dios hace cada cristal de nieve diferente uno del otro y nos da a todos huellas digitales diferentes, obviamente no tuvo ni tiene dificultad para crear diferente a toda persona que ha vivido o que vivirá.

—Larry Burkett

Tonia, Amanda, Bernardo, y Susana: cuatro personas, cuatro respuestas, una familia.

Tonia fue la primera que vino. Nunca faltaba, siempre ayudaba, siempre aprendía. Una amiga de la escuela invitó a Tonia a la noche de las chicas en la King's Chapel, en Springfield, Missouri. Tonia estaba muy contenta con su maestra y sus nuevas amigas. A ella le gustaban las actividades de aprendizaje y los juegos del miércoles, así que también comenzó a asistir los domingos.

Pronto su hermana menor, Amanda, la acompañó. Tonia parecía sentirse cómoda con todos, pero Amanda era un poquito tímida. Aunque rara vez hablaba, los ojos se le iluminaban cuando participaba en los juegos de memorización o en las canciones con movimientos. Cuando todos los niños de la clase de párvulos corrían a abrazar a la maestra, al principio ella se quedaba atrás. El tema de una de las lecciones de la escuela dominical era la construcción del tabernáculo, una "iglesia en una tienda". Amanda ayudó a cubrir una mesa como una iglesia en una tienda. Cuando la clase se sentó a orar bajo la mesa, Amanda oró que su mamá encontrara un nuevo trabajo. Dentro de pocas semanas, llegó feliz a la clase: Dios había respondido su oración.

Bernardo fue el siguiente. Él era el menor y el único muchacho en la familia. A veces se paraba cerca de la puerta, como diciendo: "Tal vez me trajeron, pero eso no significa que me guste estar aquí". Cierta vez, como una tortuguita que oculta su cabeza, casi se cubrió la suya con el abrigo. Pero era difícil para un niño de 3 años resistir las golosinas de gusanitos gomosos y las vistosas calcomanías. A veces las maestras usaban un balón o arena para enseñar la historia bíblica. La clase estaba formada por niños de la edad de Bernardo y varones que cantaban junto con ellos, que también los dirigían en los juegos de memorización, y que los ayudaban con las labores manuales. Cada vez Bernardo se paraba un poco más adentro, esperando ver lo que los maestros de la escuela dominical habían preparado para la lección.

Susana fue la última. Ella empezó a asistir por causa de sus hijos. Los niños se habían encariñado con esa iglesia y suplicaban que los dejaran ir. Si por causa del horario de Susana, no podían ir, los niños se quejaban y... hacían oír su voz. La vida era un constante desafío para Susana, una madre sola que debía criar tres hijos. Trabajaba duro. Había vuelto a la escuela. Quería ofrecer a sus hijos una mejor vida que la que ella misma había tenido bajo la tutela de una sucesión de hogares sustitutos. Puesto que a los niños les gustaba tanto esa iglesia, Susana pensó que tal vez para ella había algo también.

Dentro de poco, Susana se sintió a gusto en la iglesia y en la clase de escuela dominical. Dos amigas prepararon una fiesta de cumpleaños sorpresa para ella, cosa de la que nunca disfrutó como niña. Cuando su carro se descomponía o uno de los niños se enfermaba, Susana sabía que alguien estaba orando por ella. Las personas en la iglesia verdaderamente parecían interesarse unos por otros y en la familia de ella. No eran perfectos, pero sí se interesaban en los demás.

**S**e sabe que todos los miembros de una familia son diferentes. Cada uno responde de diferente manera ante las nuevas experiencias. Cada uno aprende de diferente manera. Cada uno tiene diferentes habilidades y enfrenta diferentes desafíos. Cada uno se encuentra en una etapa de la vida diferente. Cuando vienen a la escuela dominical, las personas traen consigo sus diferencias y esperan que se los acepte; además, esperan aprender la verdad y tener un encuentro con Dios.

En "la clase de escuela dominical" de Jesús también había diferencias en los 12 alumnos. Jesús trató a sus alumnos como individuos. Él estuvo dispuesto a repetir hasta tres veces para asegurarse de que Pedro escuchara, entendiera, y respondiera a sus palabras. Es probable que Jesús tuviera que observar constantemente a Mateo, el antiguo recaudador de impuestos, y a Simón el zelote. El primero había recaudado los impuestos que mantenían la ocupación romana; el otro, habría querido arrojar a todos los romanos del país—vivos o muertos. Era normal para Jesús hacer de árbitro en las acaloradas discusiones entre sus discípulos, posiblemente con los hermanos Juan y Jacobo. Alguien los llamó "hijos del trueno". Jesús notó las dudas de Tomás, el servicio de Andrés, y las confabulaciones de Judas.

Sí, Jesús conocía y comprendía los rasgos característicos de sus discípulos. Para Jesús, conocer a sus alumnos era un factor importante de ser un buen maestro.

## Razones

En 1 Juan 10:1-5, Jesús se compara con un buen pastor. Un suplente probablemente podrá distinguir las ovejas de los carneros, pero en la mayoría de los casos es difícil distinguir una oveja de otra. No obstante en Juan 10 el buen pastor llama a las ovejas por su nombre y sabe qué oveja le responde. Él se interesa por todas y no deja a ninguna atrás. Cuando están todas reunidas, Él las guía de dónde están a dónde deben ir: pastos verdes y tranquilas aguas. Las ovejas lo siguen. Las ovejas confían en el Pastor (no así en el extraño, de quien huyen) porque las conoce; conoce las necesidades de ellas y las suple.

## Conozcamos a nuestros alumnos e imitemos el modelo de enseñanza de Cristo

Aunque se comparó con el buen pastor, obviamente Jesús no vino a morir por ovejas. Él vino por las personas. A sus ojos, la gente quería que se le diera el trato individual que un pastor daría a las ovejas. Una vez que reciben ese trato personal, las ovejas siguen la dirección de su maestro y creen lo que él les enseña.

Respondemos de manera positiva al maestro que se interesa y que dedica tiempo a conocernos. La gente sabe distinguir entre lo general ("Me alegro de verte") y lo particular ("¿Cómo resultó el gran informe de la semana pasada?"). Si tienen 1 año o 50 años, anhelan encontrar alguien que, física o socialmente, los trate a su nivel y les hable de manera directa. Admirarán a la persona que les pregunte el nombre y que los recuerde la siguiente vez que se ven. Complacidos entablarán una relación con la persona que recuerde su gusto por los osos de peluche, el fútbol, o las galletas con trocitos de chocolate. Quien de manera natural incorpore en la conversación sinceros comentarios acerca de los gustos (o que comparta muestras de ellos) podría convertirse en un amigo de por vida.

Este tipo de atención además de ser agradable a quien la recibe, es también parte importante del discipulado. En la iglesia de Jesucristo, toda persona es valiosa y es el enfoque del ministerio. Cuando impartió la Gran Comisión, Jesús encomendó a sus seguidores que comunicaran las buenas nuevas en el nivel de comprensión de quienes recibirían el mensaje.

## Conozcamos a nuestros alumnos y modifiquemos la manera en que enseñamos

A menudo las respuestas de los alumnos, la conducta, y el aprendizaje en la escuela dominical se relacionan con otros aspectos de la vida. Cuando conocemos a nuestros alumnos sabemos cómo orar, cómo planear, y cómo responder. La maestra de Bernardo, por ejemplo, sabía que en su familia él era el menor y el único varón, y que vivían solo con la madre. Este conocimiento la ayudó a tratar al niño con empatía y a darle tiempo para que se adaptara a la clase. El conocimiento de que Susana había crecido en una serie de hogares sustitutos pero que nunca había tenido el apoyo de una familia sólida, motivó a los demás alumnos de la clase a planear una cena de cumpleaños que contribuyó a fomentar una relación afectuosa en la familia de la iglesia.

# Responsabilidades

## Aceptación y transformación

En su libro *Just Like Jesus* [*Tal como Cristo*], Max Lucado escribe: "Dios lo ama así como usted es, pero rehúsa dejarlo de esa manera. Él quiere que usted sea como Cristo."[1] El pensamiento de Lucado expresa un discipulado básico: Comenzamos donde los alumnos se encuentran y desde allí edificamos. En Juan 3:16 Jesús invita a "todo aquel" a creer en él. Jesús aceptó soldados romanos y pescadores, amas de casa y prostitutas, jóvenes y ancianos, ricos y pobres. Los maestros de escuela dominical de hoy debemos hacer lo mismo si queremos imitar el ejemplo de Jesús cuando se trata de dejar una viva impresión en la vida de nuestros alumnos. Jesús amó y aceptó a las personas como eran y después, con amor, obró en ellos para que se asemejaran a Él mismo.

El amor y la aceptación son poderosos motivadores de cambio. Cuando conocen y aceptan a sus alumnos, los maestros de escuela dominical establecen un sólido fundamento. Jesús miró a un gran pescador, Pedro, quien se reconoció a sí mismo "un hombre pecador". Obviamente, Jesús vio a Simón tal como era. Pero también tenía la mirada puesta en lo que Simón podía llegar a ser. Lo único que se necesitaba era la transformación por la enseñanza de Cristo y por el Espíritu de Dios. Así que en vez de sermonear a Simón acerca de sus defectos (que eran muchos), Jesús lo incluyó en su grupo de discípulos y le cambió el nombre a Pedro, que quiere decir "roca". Diversos eruditos de la Biblia han explicado el significado de las palabras de Cristo cuando aparentemente le dijo a Pedro "sobre esta roca edificaré mi iglesia". He aquí otra posibilidad: Tal vez Jesús quiso decir: "Puedo tomar gente corriente como este hombre, llenarlos con mi Espíritu, transformarlos mientras me siguen, y edificar una iglesia mundial de pequeñas rocas como Pedro."

Como maestros de escuela dominical continuamos nuestra labor de facultar gente corriente para el dedicado servicio a Cristo. Animamos a nuestros alumnos a ir en pos de esta meta cuando nos interesamos en conocerlos y los aceptamos como son, y después proyectamos lo que pueden llegar a ser como seguidores de Cristo.

## Informémonos

Ciertamente, Jesús tuvo menos problema que nosotros para conocer bien a sus alumnos o discípulos. No sólo vivió con ellos día tras día, también era (y es) el Hijo de Dios. Jesús sabía, por ejemplo, que Natanael se había sentado bajo un árbol antes de venir a Él. Jesús sabía que Judas lo entregaría y que Pedro lo negaría. El Padre dio a Cristo su Hijo un discernimiento que iba más allá de la capacidad humana.

No obstante, como maestros de la Biblia, y si queremos ser como el buen pastor y conocer a nuestros alumnos y dejar en la vida de ellos una viva impresión, podemos y debemos aprender acerca de ellos.

En las últimas décadas, el estudio ha producido muchos libros que nos pueden ayudar a presentar las historias bíblicas en forma tal que facilite el aprendizaje de nuestros alumnos: bebés, niños, adolescentes, o adultos. Estos libros proveen información que nos ayuda a entender la manera en que Dios nos diseñó. El maestro que tiene años de experiencia y el que acaba de comenzar pueden informarse mejor acerca de la manera en que aprenden los alumnos.

¿Por qué nos damos el trabajo de familiarizarnos con las características del aprendizaje? Lo hacemos porque, cuando se trata del desarrollo espiritual, no queremos que ninguno de nuestros alumnos se retrase. Según la Biblia, habrá algunos que quedarán atrás, pero que no sea porque no comunicamos la palabra al nivel de comprensión de ellos.

# Preparación

Los alumnos a quienes enseñamos en la escuela dominical vienen con una extraordinaria combinación de características. Más abajo encontrará una lista de doce factores que influyen en el proceso de aprendizaje.

| | | |
|---|---|---|
| Rasgos de la edad | Temperamento | Modos de aprendizaje |
| Etapas de la vida | Experiencias de la vida | Inteligencias |
| Experiencias de la iglesia | Género | Características generacionales |
| Orden en la familia | Trasfondo cultural | Estilos de aprendizaje |

Podríamos llenar una biblioteca con libros de entrenamiento, artículos de revista, y recursos de multimedia. Es esta sección, comentaremos dos y cómo deben afectar nuestra preparación para discipular a nuestros alumnos en la escuela dominical.

## Rasgos de la edad

Cuando no tenemos entrenamiento, tendemos a enseñar de la manera en que se nos enseñó. Si recordamos cómo se nos enseñó en la escuela básica, inconscientemente usaremos esa técnica para enseñar a los adultos o a los bebés. Con el entrenamiento para enseñar a las diversas edades, podemos modificar nuestra preparación de la enseñanza para que concuerde con el grupo que discipulamos.

Gospel Publishing House ha producido una serie de vistosos libros de entrenamiento: *StepONE A Guide for Teachers [Primer paso, una guía para maestros]*. Cada folleto de 16 páginas trata un determinado nivel de edad y guía al maestro en la preparación de la clase. Los siguientes son fragmentos de esta serie.

"Los adultos consideran que pueden dirigirse ellos mismos y esperan que los demás también los vean de esta manera. Los adultos quieren decidir qué han de aprender, cuándo aprenderán, y cómo lo harán. El maestro y los alumnos adultos se consideran iguales en una relación de mutua ayuda."[2]

"En el corazón del ministerio a los jóvenes, si usted quiere ejercer una influencia significativa en la vida de ellos, las relaciones deben gobernar todo lo que haga. La vida del maestro puede ser como un puente entre Cristo y los alumnos, y puede allanar el camino a una relación más profunda con Él. Aun así, el efecto definitivo de la clase en los alumnos tendrá conexión con la manera en que ellos se relacionen con el maestro."[3]

"Los niños pueden ser bulliciosos y entusiastas. El alto nivel de energía es la característica de los niños de educación básica. El maestro exitoso siempre planeará maneras de canalizar la energía de los alumnos a actividades significativas.... Establezca eficaces rutinas para el salón de clase. Los niños necesitan algo que hacer cuando llegan al salón. Planee una actividad para los que lleguen temprano."[4]

"Los niños más pequeños aprenden por participar en actividades. Cuanto más usen los sentidos tanto más recordarán. Planee lecciones en que los niños puedan palpar, gustar, oler, además de ver y escuchar. Durante la lección del niño Moisés, por ejemplo, puede cubrir el piso con una toalla y sobre la toalla puede poner un recipiente con agua. Los niños pueden hacer flotar un muñeco. El maestro puede aprovechar este momento para hablar de cómo Dios protegió al niño Moisés."[5]

"Con los niños de sala cuna use la repetición. Repita la misma lección por lo menos un mes. Si usted y los demás obreros de sala cuna repiten semana tras semana los mismos simples rituales de la lección, los bebés comenzarán a almacenar en la memoria los primeros conceptos acerca de Dios. . . Celebre los progresos con sonrisas y aplausos."[6]

## Temperamento

Todos nacemos con un temperamento que influye en la manera que respondemos a experiencias, relaciones, e informaciones. También nos afecta la manera en que otros responden a nuestro temperamento, incluido la medida en que el Espíritu Santo puede usar la palabra de Dios para transformar nuestra vida.

Algunos de sus alumnos nacen con un temperamento dócil. Cuando abrieron los ojos por primera vez se sintieron bien en el mundo que los rodeó. Si oscurece, duermen. Si hay luz, observan lo que los rodea. Si alguien los toma en los brazos, ellos observan y responden a los mimos. Si se los pone en la cama, se acomodan y descansan apaciblemente. Este temperamento de trato fácil será la característica de la persona por el resto de sus días. La mayoría de las veces se sentirán cómodos en una clase expositiva o en un grupo de discusión. No los perturbará si la maestra una semana decide comenzar con oración y la siguiente clase con un refrigerio. La gente rápidamente se siente bien en compañía de esta persona. Si ellos son los que dan la bienvenida, la gente se sentirá como en casa. Si se prestan como voluntarios para una actividad de aprendizaje, los demás querrán participar porque verán cómo ellos la disfrutan. Ese temperamento agradable no es algo que se obtiene, se nace con él.

Otros alumnos tienen un temperamento que no se motiva fácilmente. No les gustan las transiciones; necesitan tiempo para acomodarse a ellas. En el caso de adolescentes y adultos, tal vez deben acostumbrarse a la idea de que van a la iglesia, que después irán a una clase, y que tendrán que participar en ella. Estas personas tienen potencial de vivir en el ostracismo dentro de la clase, o de convertirse en líder, depende de la manera en que se relacionen con el maestro.

Los maestros que no están informados acerca del temperamento no fácil de motivar, tal vez pensarán que estos alumnos son testarudos o difícil de tratar. Cuando se trate de un niño, tal vez el maestro diga: "Te estamos esperando de nuevo. ¿Por qué siempre tienes que ser el último?" Cuando el alumno es un adulto o un adolescente, quizás el maestro se dé por vencido y lo pase por alto durante la clase. Los demás alumnos probablemente notarán la actitud del maestro y la imitarán. Así es como estos alumnos pueden vivir en el ostracismo en el salón de clase.

Cuando como maestros notamos que uno de nuestros alumnos es de temperamento que responde lentamente a la motivación, podemos planear maneras de ayudarlo a sentirse en casa cuando estudia la palabra de Dios. Si enseñamos una clase de niños, con antelación podemos anunciar que vamos a cambiar de actividad. Podemos usar algún proyecto en que los niños se hayan ocupado como una ilustración positiva del siguiente segmento de la lección. Podemos establecer un orden que se seguirá cada semana y ayudará a los niños a saber lo que viene a continuación.

Si somos maestros de adolescentes o adultos de lenta motivación, podemos darles tiempo de que se sientan cómodos antes de hacerlos participar en una actividad o en la discusión de un tema. De vez en cuando, podemos llamarlos durante la semana y pedirles que preparen un informe o que participen en un panel de discusión de un tema. Si les damos tiempo de que piensen, tal vez nos impresionen con lo que pueden aportar a la lección.

Los alumnos de lenta motivación son menos susceptibles a la presión de otros, no así los de temperamento dócil. Este rasgo los hace líderes en potencia. Considerando que desde pequeños han analizado sus respuestas (en vez de responder espontáneamente), es probable que no participen en una confabulación para interrumpir la clase, o que para hacer frente a un desafío tengan una mejor solución que los demás. Los maestros ejercen una importante influencia en la manera en que este tipo de persona se ve a sí misma. Nosotros podemos ayudarlos a comprender que Dios quiere valerse de personas como ellos. La segunda hija de Susana, Amanda, es de este tipo de temperamento. Susana y la maestra de escuela dominical la han aceptado, y Amanda se ha convertido en una líder en su escuela.

Un tercer grupo de alumnos nace con un temperamento sensible. Si los alumnos son preescolares, tal vez no querrán que otros se sienten cerca de ellos. Si son niños de edad escolar, es posible que se ofendan si alguien los mira de cierta manera. Si son adolescentes, es posible que debido a una pequeña espinilla se avergüencen o se aíslen. Los adultos sensibles pueden por años guardar resentimiento debido a un aparente desaire.

Así como los alumnos lentos de motivar se adaptan y finalmente se convierten en participantes activos, los de temperamento sensible siempre darán oportunidad al maestro de mostrar el amor, la gracia, y la misericordia de Dios. Cuando estos alumnos, a pesar de todo, se sienten aceptados, se relajan y responden con más tolerancia.

Según Mateo 12:20, Cristo "no romperá la caña quebrada ni apagará la mecha que apenas humea" (Versión Popular). Jesús, nuestro modelo de maestro, es compasivo y paciente con todos los alumnos sea cual fuere su temperamento. Cuando imitamos su ejemplo, no solo hacemos posible que todos los alumnos se sientan acogidos en la casa de Dios, sino que también damos ejemplo de la aceptación y del amor de Dios que nuestros alumnos deben imitar y manifestarse uno al otro.

## Cuatro sugerencias para la preparación

- Al comenzar la semana, entre domingo y martes, dé una lectura rápida a la lección para familiarizarse con el contenido, los objetivos, los métodos que se sugieren, y los materiales.
- En el margen de cada segmento de la lección, escriba el nombre de los alumnos que participarán en esa parte del estudio bíblico.
- Marque los segmentos que piense reemplazar para adaptar el contenido a las necesidades de sus alumnos.
- Cuando ore, nombre a sus alumnos y pida al Espíritu Santo que lo ayude a discernir los intereses y las necesidades espirituales de cada uno.

# Presentación

Tal vez se pregunte cómo un maestro puede presentar la palabra de Dios para que beneficie a una diversidad de alumnos. La clave es la variedad. Una presentación variada satisfará los diferentes estilos de aprendizaje presentes en un salón de clase de escuela dominical.

Planee maneras eficaces de añadir variedad a su presentación. La enseñanza en equipo, el material de enseñanza, y el Espíritu Santo lo pueden ayudar a planear la presentación de la palabra de Dios pensando en sus alumnos.

## Enseñanza en equipo

Uno de los puntos fuertes de la escuela dominical del siglo veintiuno será el retorno al modelo del Nuevo Testamento de la enseñanza en equipo. Cristo envió en pares a los 72 discípulos que salieron para tener una experiencia práctica en el ministerio. Bernabé acompañó a Pablo en el primer viaje misionero. En el segundo viaje, Silas lo acompañó, y Bernabé invitó a Juan Marcos. En sus epístolas, Pablo generalmente nombra a quienes participaron en su ministerio.

Un equipo de enseñanza tiene más posibilidad de satisfacer los estilos de aprendizaje y las necesidades de un mayor número de alumnos. Bernabé, con su naturaleza alentadora, fue complemento del estilo exhortador de Pablo.

Los equipos multiplican el ministerio. Bernabé fue mentor de Juan Marcos. Con el tiempo, Juan Marcos maduró y se convirtió en un buen ministro y Pablo le pidió que se incorpora a su equipo.

Los equipos comparten la responsabilidad. Según algunos estudiosos, los adultos en los Estados Unidos trabajan más horas que los de cualquier país industrializado en el mundo. No importa cuán ocupados estemos, debemos ser siempre fieles en el cumplimiento de nuestra responsabilidad en el discipulado y en el evangelismo.

En las clases de adolescentes y adultos, los equipos de enseñanza pueden dividir las labores de ministerio. Un maestro o más pueden prepararse para enseñar el contenido bíblico. Otro puede encargarse del cuidado pastoral de los alumnos y de la planificación de actividades. Otro puede movilizar a los alumnos para que participen en el servicio dentro de la iglesia y fuera de ella.

En la clase para sala cuna, párvulos, y escolares de la escuela básica, los equipos pueden asignar a cada miembro del equipo segmentos de la intensa preparación que se requiere para satisfacer la necesidad de los alumnos de participar en el aprendizaje.

Es normal que cuando se enseña en equipo algunos alumnos sientan más afinidad con diferentes maestros. Esta mezcla homogénea de responsabilidades y de personalidades aumentará las probabilidades de que los alumnos se identifiquen con Dios y con su palabra.

## Su ayudante: el material de enseñanza

Si en su clase hay una variedad de alumnos (cuando hay más de una persona, generalmente hay variedad), recurra al material de enseñanza impreso. El material de enseñanza para diversos niveles enfoca las necesidades y las características de las diferentes edades. Además, la mayor parte de los materiales se escriben para satisfacer los diferentes modos y estilos de aprendizaje. Las lecciones generalmente incluyen una variedad de contenido, ayudas visuales, experiencias, circunstancias, y métodos que armonizan con las necesidades y los estilos de aprendizaje de los alumnos. El maestro que en la preparación de la lección incorpora una variedad de métodos visuales, auditivos, y manuales, presentará lecciones que se acomodarán a los diferentes estilos de aprendizaje de los alumnos.

Advertencia: es fácil desarrollar el hábito de depender de uno o dos métodos; inconscientemente estos pueden ser los que el maestro prefiere porque satisfacen su propio estilo de aprendizaje. Si usted enseña con una variedad de métodos y recursos, la palabra de Dios impresionará la vida de un número mayor de alumnos.

Generalmente el tiempo limitado no permite que se usen todas las sugerencias para la clase que se incluye en el material de enseñanza. No deje que esto lo preocupe. Los escritores y editores sugieren más ideas de las que se pueden aplicar para que usted escoja aquellas que representen mejor a sus alumnos, a su comunidad, y sus recursos. La mayoría de los alumnos se beneficiará si usted presenta una variedad de segmentos visuales, auditivos, y activos.

## Su consejero: el Espíritu Santo

El Espíritu Santo hace que la palabra de Dios actúe en la vida de los alumnos. "Por lo cual también nosotros sin cesar damos gracias a Dios, de que cuando recibisteis la palabra de Dios que oísteis de nosotros, la recibisteis no como palabra de hombres, sino según es en verdad, la palabra de Dios, la cual actúa en vosotros los creyentes" (1

Tesalonicenses 2:13). Cuando prometió el Espíritu Santo a sus seguidores, Jesús dijo: "Mas el Consolador, el Espíritu Santo, a quien el Padre enviará en mi nombre, él os enseñará todas las cosas, y os recordará todo lo que yo os he dicho" (Juan 14:26). Su clase crecerá porque el Espíritu Santo también animará a sus alumnos a hablar a otros de Cristo. (Vea Hechos 1:8 y 9:31).

Si algunos de sus alumnos aún no son cristianos, el Espíritu Santo ha comenzado la obra en la vida de ellos. En 1 Tesalonicenses 1:5 Pablo describe este tipo de "enseñanza en equipo": "Nuestro evangelio no llegó a vosotros en palabras solamente, sino también en poder, en el Espíritu Santo y en plena certidumbre." El Espíritu Santo añade poder a las lecciones de la Biblia que usted enseña a sus alumnos. Él también los convence y los atrae a Cristo.

Usted puede sentirse confiado de que el Espíritu Santo conoce a sus alumnos. Cuando usted enseñe, Él aplicará la palabra de Dios al corazón de ellos.

## Expectativas

Las lecciones de la Biblia no deben quedar archivadas en la mente de los alumnos. Estas deben transformarlos y después deben ser transferidas a la red mundial de ministerio. Todos los alumnos en su clase tienen el potencial de responder *sí* o *no* ante la posibilidad de ser devotos seguidores de Cristo. Primero, tienen el potencial de responder *sí* o *no* al don de la salvación. Si responden *sí*, tendrán el potencial de responder *sí* o *no* a una vida de servicio. Aunque parezca obvio, un reporte de Jorge Barna afirma lo siguiente:

"Algunos cristianos dedican a la diversión siete veces el tiempo que dedican a las actividades relacionadas con la vida espiritual."[7]

"En una lista de 21 metas, el deseo de una relación personal con Dios más cercana ocupa el sexto lugar y es precedida por el anhelo de 'disfrutar una vida con más comodidades'."[8]

"En una encuesta representativa entre adultos que han tenido la experiencia del nuevo nacimiento, ninguno de ellos dijo que la meta más importante en la vida de ellos es ser un resuelto seguidor de Jesucristo."[9]

En el albor del siglo veintiuno, debemos elevar nuestras

expectativas de la influencia que esperamos que el estudio de la Biblia ejerza cada día en el compromiso y en la conducta de nuestros alumnos. Si queremos movilizar a nuestros alumnos hacia el ministerio, primero debemos saber cuál es la condición espiritual de ellos hoy. Debemos saber cómo presentar la palabra de Dios de manera más eficaz de modo que ellos la entiendan, la crean, y la vivan. Debemos pedir a Dios que eleve nuestra expectativa de lo que podemos alcanzar para su reino a través de la escuela dominical.

¿Recuerda a Susana y sus hijos en el capítulo anterior? Después que se hizo parte de King's Chapel, Susana comenzó a ministrar a las familias del vecindario que necesitaban a Cristo. Reclutó miembros de la iglesia que la ayudaran. Como resultado, hubo vehículos que recogían niños para llevarlos a la escuela dominical y a los servicios. La aventura de Susana aun está en proceso (la nuestra también). A veces enfrentamos grandes desafíos. A veces no tenemos suficiente ayuda. Con todo, los niños de Susana han crecido espiritual y físicamente, y la familia recurre a la ayuda de Dios.

¿Sabe usted cuál es la posición de sus alumnos en está travesía espiritual? ¿Cuántos se han dedicado a simplemente archivar los principios bíblicos que aprenden en la escuela dominical? ¿Han tomado la palabra de Dios y dejado que el Espíritu Santo los mueva a las "obras de servicio" (Efesios 4:12)?

# Evaluación

Pablo enseñó tres años en Éfeso. Cuando se preparaba para salir, dijo a los creyentes las siguientes palabras de exhortación: "Mirad por vosotros, y por todo el rebaño en que el Espíritu Santo os ha puesto por obispos, para apacentar la iglesia del Señor, la cual él ganó por su propia sangre" (Hechos 20:28). Jesús es el Buen Pastor. Él conoce las ovejas de su rebaño. Él nos ha llamado a que lo imitemos en la labor que nos ha encomendado de cuidar su rebaño. Si queremos realizar un buen trabajo, debemos conocer a nuestros alumnos.

(1) ¿Cuánto conoce a sus alumnos?

¿Cuántos alumnos tiene?

Escriba cinco nombres.

¿Cuál es la fecha de cumpleaños de ellos?

¿Cuáles son sus intereses?

¿Cuáles son sus necesidades?

¿Qué ha hecho durante el año para conocer mejor a sus alumnos?

(2) ¿Sabe cuál es el estilo de aprendizaje de cada uno?

¿Qué nivel enseña?

Escriba tres factores de aprendizaje característicos de ese nivel.

1.

2.

3.

Identifique alumnos con los siguientes tres temperamentos. ¿Cómo modifica la presentación de las lección para que armonice con cada temperamento?

1. Dócil

2. De lenta motivación

3. Sensible

(3) ¿Conoce a sus alumnos en el plano espiritual?

¿Cuántos han confesado sus pecados y son discípulos de Cristo?

¿Cuántos se han bautizado en agua?

¿Cuántos han sido bautizados en el Espíritu Santo?

¿Cuántos han sido iniciados en el ministerio?

El pasado año, ¿participaron sus alumnos en proyectos de ministerio...

en la iglesia?

en la comunidad?

en el mundo?

Si usted es maestro de niños, tenga la seguridad de que el Espíritu

Santo revelará a sus alumnos la necesidad de ser salvos; también les mostrará la necesidad de ser bautizados en agua y de comprometerse a seguir a Cristo y servir a los demás.

## Notas

[1]Max Lucado, *Just Like Jesus [Tal como Cristo]*, (Waco, Tex.: Word Publishing, 1998), 3.

[2]Clancy Hayes, *StepONE, A Guide for Teachers—Adult [Paso uno, guía del maestro—adultos]*, (Springfield, Mo.: Gospel Publishing House, 2000), 2.

[3]Carey Huffman, *StepONE, A Guide for Teachers—Youth [Paso uno, guía del maestro—jóvenes]*, (Springfield, Mo.: Gospel Publishing House, 2000), 2.

[4]Verda Rubottom, *StepONE, A Guide for Teachers—Elementary [Paso uno, guía del maestro—niños escolares]*, (Springfield, Mo.: Gospel Publishing House, 2000), 12-3.

[5]Sharon Ellard, *StepONE, A Guide for Teachers—Early Childhood [Paso uno, guía del maestro—niños preescolares]*, (Springfield, Mo.: Gospel Publishing House, 2000), 4.

[6]Sharon Ellard, *StepONE, A Guide for Teachers—Nursery [Paso uno, guía del maestro—sala cuna]*, (Springfield, Mo.: Gospel Publishing House, 2000), 8.

[7]Barna Reseach Group, Ltd. (1997) *The Year's Most Intriguing Findings, From Barna Research Studies [Los hallazgos más sorprendentes del año, de los estudios indagatorios de Barna]*, [Online]. Disponible en FTP: www.barna.org

[8]Ibid.

[9]Ibid.

## Un maestro que deja una viva impresión

# Extrema su influencia

Por
Verda Rubottom

La verdadera enseñanza . . . no es la que transmite conocimiento, sino la que estimula al alumno a obtenerlo.

—John Milton Gregory

El pueblito de Staples, Minnesota se encuentra a una 130 millas [210 km] al norte de Minneapolis. No tiene equipo deportivo profesional; tampoco es sede de condado ni se la conoce como el centro de nada. Es simplemente una pequeña ciudad, soñolienta y acogedora cuya mérito más grande es un niño que se convirtió en hombre.

Guy Rice Doud nació en octubre de 1953 en el hogar de Jeanette y Jesse Doud y, según todo parecía indicar, el destino de su vida era el fracaso. Ambos progenitores eran alcohólicos y tenían cicatrices que no solo perjudicarían la relación con el hijo, sino también el futuro de este. Jeannette dio a Guy todo el apoyo y el amor que podía ofrecer, pero silenciosamente luchaba con su adicción. El padre sucumbía en sombríos períodos de depresión que conmovían y atemorizaban a la familia. Este era un precario fundamento para edificar una familia exitosa.

En septiembre de 1958, Guy comenzó su educación formal en la Lincoln Elementary School. La educación incluía el acostumbrado día de exposiciones, los breves dramas con disfraces, y el aprendizaje de lectura y escritura. Sin embargo, las clases mismas constituían algo más que eso. Guy describió su experiencia con las siguientes palabras: "En la escuela yo estaba aprendiendo mucho más de lo que ellos conscientemente me enseñaban. Las lecciones más importantes no tenían que ver con lectura, escritura, o aritmética, sino con el conocimiento de mí mismo, mi identidad personal, y si ésta era positiva o negativa."[1]

Fue en esas lecciones "extracurriculares" donde aprendió lo que es sentirse ridiculizado. Lamentablemente, las lecciones no fueron impartidas solo por sus compañeros; los maestros también fueron responsables de ellas, al menos algunos de ellos. Su imagen propia creció pero de manera distorsionada y horripilante. Fue como si alguien hubiera encendido una luz de alarma en su cerebro: "No sirves para nada."

Guy evoca un incidente con uno de los maestros. "Recuerdo cuando el maestro me devolvió un trabajo y que para hacer notar mis errores y subrayar la mala calificación aparentemente había usado una lata de pintura roja. Ese papel me hizo pensar que mi problema no era solo matemáticas, sino que todo en mí era un fracaso."[2]

Sin embargo, no todos le daban ese trato deplorable. Roy Hill y Budd Lindaman, los dos conserjes que trabajan en la escuela, eran personas amables que lo respetaban. El ejemplo de ellos enseñó a Guy que uno puede ser feliz con su trabajo y que, si somos amables con las personas y las tratamos con consideración, generalmente la gente nos responderá de la misma manera.

También se encontró con Fern Kelsey, o "Ferny" como Guy la llamaba. Ella trabajaba en la cocina de la escuela y también iba a la iglesia de Guy. Cada día cuando pasaba frente a Ferny en la fila del comedor, junto con el almuerzo Guy recibía un abrazo y un beso. El ejemplo de ella lo hacía corregir la manera en que él normalmente se veía. Después de todo, si Ferny lo amaba, ¿cuál era la dificultad que tenían los demás para hacerlo?

Cuando estaba en el octavo grado, Guy conoció al señor Kopka. No obstante su marcado acento germano, el señor Kopka sintió un vivo interés por el niño y se convirtió en su tutor. Ayudar al señor Kopka después de clases se convirtió en la actividad preferida de Guy. Muchas veces en la noche pasó frente a la escuela para ver si había una luz encendida en el salón. Si veía luces, golpeaba hasta que uno de los conserjes le habría la puerta. Él explicaba que estaba allí para ayudar al maestro, y el conserje lo dejaba entrar. El señor Kopka lo llevaba a casa cuando finalizaban el trabajo. Las conversaciones eran abiertas y francas y se basaban mayormente en las preguntas del joven estudiante.

Durante una de estas reuniones, el maestro sostuvo en alto una prueba que había corregido. "¿Sabes quién obtuvo la más alta calificación?" —dijo sonriente a Guy y mostrando el papel. "¡Milagro!" —respondió el joven. El maestro sonrió.[3]

Los minutos pasaron y finalmente Guy rompió el silencio con una pregunta que cambiaría su vida: "¿Cree usted en milagros?"[4] El señor Kopka respondió afirmativamente y comenzó a hablar de los milagros que Dios obra en la vida de las personas. En esa oportunidad el maestro le habló de su experiencia como misionero en Nueva Guinea. Le hablaba como si fuese amigo personal de Jesucristo. Guy pensó que él también quería tener una relación como esa. El maestro nunca presionó al niño a creer de cierta manera; procuró que su propia vida fuera un testimonio vivo para el niño.

En 1996 la Asociación Billy Graham produjo una película titulada *Los Inquietos* y Guy fue parte del público. Allí, en el teatro, con un puñado de palomitas de maíz en una mano, una botella de refresco en la otra, y con caramelos en el bolsillo, escuchó las palabras de la canción cuyo mensaje cambió su vida.

En ese momento Guy entregó su vida a Cristo e inició una amistad con Él que era más cercana que la que había tenido con el señor Kopka.

Sin embargo, no todo en la vida de Guy cambió de inmediato. Cada día debía hacer frente a los sentimientos de inseguridad e inutilidad que había tenido desde la infancia. Además debía lidiar con las heridas que le habían infligido personas que habían sido un *pobre* ejemplo para él. No obstante, gracias a un maestro que creía en el ministerio a través del buen ejemplo, había comenzado el proceso de sanidad de la vida de Guy.

En 1986 encontramos a Guy Rice Doud en la oficina ovalada de la Casa Blanca. Estaba allí para recibir el codiciado reconocimiento de la Manzana de Cristal, que se entrega al Maestro del Año de la Nación. El presidente de los Estados Unidos, Ronald Reagan, estrechó la mano del maestro y le habló con palabras de felicitación. Guy sostenía una tarjeta en la que había escrito algunos versos de un poema de Clark Mollenhoff.

*Ustedes son los que forjan sus sueños;*

*Los dioses que dan forma o que destruyen sus jóvenes percepciones del bien y del mal.*

*Ustedes son la chispa que enciende el fuego en la mano del poeta,*

*O enciende la llama en la canción de un gran cantor.*

*Ustedes son los dioses del joven, el más joven.*

*Ustedes son los guardianes de un millar de sueños.*

*Cada sonrisa o cada desdén puede sanar o destrozar un corazón.*

*Tienen en las manos cien vidas, mil vidas.*

*De ustedes es el orgullo de amarlas, y también el dolor.*

*El paciente trabajo, el toque de ustedes, los convierte en el dios de la esperanza*

*Que llena las almas de sueños, y hace que esos sueños se conviertan en realidad."[5]*

El niño se convirtió en maestro . . . porque un maestro fue su inspiración.

**E**n su libro *Molder of Dreams [Forjadores de sueños]*, Guy Doud, que fue Maestro del Año, describe los maestros que influyeron en él cuando era aún un escolar. En su vida hubo, como él los describe, "forjadores" de sueños y "destructores" de sueños.[6]

Quienes influyeron en la vida de Guy no eran solo miembros del cuerpo docente; también hubo conserjes y una cocinera que le dieron la atención que desesperadamente necesitaba.

Durante los años de crecimiento, un maestro llenó en la vida del joven el vacío que le dejara un padre alcohólico. Como maestro usted también tiene la oportunidad de dejar una buena impresión en la vida de sus alumnos.

## Razones

La nueva generación necesita aprender acerca del Dios que los ama. Pero los maestros enfrentan el desafío de un legado de medio siglo en nuestro país: una ruptura de la vida familiar y la decadencia de los valores morales.

En años recientes, nuestra cultura ha experimentado un gran cambio, y también los métodos de enseñanza. Sin embargo, quien tendrá el más grande impacto en las jóvenes vidas será siempre el maestro que muestre interés en ellas. La necesidad humana de aprecio y amor siempre nos acompañará. Es aquí dónde debemos empezar cuando guiamos a alguien a Cristo.

Generalmente los maestros no ven el resultado de la dedicación con que enseñan a los jóvenes; sin embargo, ocasionalmente escuchamos historias de maestros que más adelante en la vida se encontraron con algunos de sus alumnos. Ese es el caso de Roberto Parsons, autor de *Almost Everything I Need to Know About God I Learned in Sunday School [En la escuela dominical aprendí casi todo lo que necesitaba saber acerca de Dios].*

Los padres de Roberto no iban a la iglesia, pero la señorita Williams visitó el hogar de ellos cuando él tenía unos cuatro años de edad, y pidió autorización para llevarlo a la escuela dominical. Ese fue el comienzo de una emocionante travesía en el conocimiento de la Biblia.

"La señorita Williams y otros maestros —reflexiona Parsons— no guiaron solo al niño, sino al adulto."[7] Cincuenta años más tarde, la señorita Williams tuvo el gozo de ver que Roberto todavía seguía al Señor a quien ella lo había guiado.

Los niños, los jóvenes, y aun los adultos necesitan alguien que se dedique a moldearlos. Hollywood, Nashville, y la Avenida Madison compiten desvergonzadamente porque quieren tener una participación en la formación de los valores de las personas, tanto dentro como fuera de la iglesia. No se desanime si sus alumnos no reflejan de inmediato el sistema de creencias que usted quiere que adopten. Aproveche las oportunidades de influir en ellos y no deje de orar que Dios use su vida como un instrumento para transformar la vida de los alumnos.

# Responsabilidades

Los maestros tienen una amplia gama de responsabilidades en relación con la influencia en la vida de sus alumnos. Analicemos algunas de ellas.

## Responsabilidad con las familias

En el ejemplo anterior, los padres de Roberto pudieron responder con indiferencia o incertidumbre acerca de la mejor manera de dar a su hijo enseñanza espiritual. Los padres que no conocen a Cristo generalmente se sienten descalificados para hablar asuntos espirituales con los hijos, o para elegir la iglesia o la escuela dominical a que los enviarán. En todo caso, para que Roberto pudiera tener una relación con Cristo fue necesario que una mujer de fe hiciera de puente entre la iglesia y el hogar del niño.

Debemos estar alerta a las oportunidades de acercarnos a padres que no conocen a Cristo y que quieren que sus hijos reciban enseñanza espiritual. Debemos mostrar interés en el bienestar de los niños y levantar puentes de comunicación con las personas que no tienen un lugar donde congregarse. Cuando buscamos maneras de ministrar a las familias, nos podemos convertir en la "sal" y en la "luz" de que Jesús habló. Hacerlo tal vez significa que tendremos que dejar los patrones que acostumbramos seguir y que tendremos que buscar nuevas maneras de alcanzar a la gente solitaria de nuestras vecindades y que están espiritualmente perdidos.

## Responsabilidad con la comunidad

Toda iglesia debe buscar maneras de evangelizar y de ejercer en su comunidad una influencia espiritual dinámica. Jesús nos dio el patrón que debemos seguir: primero Jerusalén, luego Judea y Samaria, y después hasta el fin de la tierra (Hechos 1:8). Es nuestro privilegio y nuestra responsabilidad hablar de Cristo a quienes se encuentran en nuestro "Jerusalén". La prioridad de toda iglesia debe ser alcanzar al vecindario con el poderoso mensaje del evangelio de Jesucristo.

Una manera de preparar el camino para el evangelismo es que el vecindario reconozca a la iglesia por su interés en la familia. Esta clase de congregación se caracteriza por la hospitalidad, la buena acogida a las personas de toda edad y trasfondo, y el servicio en el nombre de Cristo.

Cuando la iglesia y los creyentes participan en actividades ministeriales de alcance a los perdidos y en programas de la escuela y de la comunidad, se edifican puentes de comunicación con personas que buscan respuesta y significado para su vida.

Nuestra visibilidad en la comunidad puede ser un vínculo con el mundo no cristiano y puede ser una señal de nuestro sincero deseo de hablar del amor de Cristo a las personas a nuestro alrededor. Esto era lo que Jesús hacía, salía en busca de la gente donde ellos estuvieran: en el mercado, en los hogares, en el campo, dondequiera que se reunieran. Nosotros debemos hacer lo mismo; no debemos limitarnos al ministerio dentro de las paredes del templo.

## Responsabilidad de fomentar la aceptación y la comunión

Las personas de toda edad quieren comunión y aceptación. La comprensión de las necesidades exclusivas de las personas de su clase lo ayudará a planear maneras de satisfacerlas.

Las actividades especiales para los niños atraerán a jóvenes familias. Los padres y las personas con orientación profesional quieren aprender maneras de mejorar las relaciones y enfrentar los desafíos de la vida diaria. La gente mayor pronta a jubilarse se sentirá valiosa por su aporte en sabiduría y experiencia.

La búsqueda de un lugar de comunión y de ministerio en el cuerpo de Cristo no debe ser un accidente. La escuela dominical es uno de los mejores medios para acoger personas en la iglesia. Según Thomas Rainer, autor de *High Expectations [Altas expectativas]*, la escuela dominical es la manera más segura de cerrar la puerta posterior de la iglesia.[8] Esta declaración se basa en un estudio de 576 iglesias bautistas del sur y aproximadamente 500 iglesias evangélicas que no son bautistas.

Los maestros más eficaces en el proceso de hacer que las personas se sientan parte del grupo, enseñan a sus alumnos a dar la bienvenida a las visitas. Se aseguran de que cada persona que desee ser parte de la escuela dominical tenga oportunidades de gozar la comunión y el crecimiento espiritual con otros creyentes. El corazón de la iglesia es la evangelización, la instrucción, y el amor que hará que las personas decidan ser parte del reino de Dios.

## Responsabilidad de proveer un ejemplo de vida cristiana

La manera en que alimentamos a los nuevos creyentes determina en gran medida la efectividad de nuestro esfuerzo de ser una influencia espiritual en nuestra comunidad. La fe de ellos se arraigará si los incluimos dentro de la hermandad, los ayudamos a entender lo que leen en la Biblia, y los guiamos por el ejemplo.

La educación cristiana necesita con urgencia maestros dispuestos a invertir en la vida de los alumnos y que con su vida den ejemplo de la fe que proclaman. Pablo invirtió en la vida de muchos y fue recompensado con el gozo que un padre o una madre siente cuando sus hijos crecen espiritualmente debido a la enseñanza que han recibido.

> Nuestras cartas sois vosotros, escritas en nuestros corazones, conocidas y leídas por todos los hombres; siendo manifiesto que sois carta de Cristo expedida por nosotros, escrita no con tinta, sino con el Espíritu del Dios vivo; no en tablas de piedra, sino en tablas de carne del corazón (2 Corintios 3:2,3).

## Responsabilidad de la enseñanza bíblica

La enseñanza es un sublime llamado y una extraordinaria responsabilidad. Con su ejemplo de Maestro por excelencia, Cristo dignificó el ministerio de la enseñanza y estableció los patrones para quienes quieren enseñar. "De manera que cualquiera que quebrante uno de estos mandamientos muy pequeños, muy pequeño será llamado en el reino de los cielos; mas cualquiera que *los haga y los enseñe,* éste será llamado grande en el reino de los cielos" (Mateo 5:19, énfasis de la autora). Jesús nos reveló la importancia que Dios da a la enseñanza de la Palabra y el honor que confiere a quienes la practican y la enseñan.

Para enseñar de manera que se produzca crecimiento y cambio, necesitamos una mayor comprensión de las Escrituras que afecte y transforme nuestra propia vida. La tarea no es simplemente comunicar información "de segunda mano" y esperar que los alumnos crezcan. Para enseñar bien, debemos primero profundizar nuestro estudio de la Palabra. El Espíritu Santo ha prometido iluminar nuestro entendimiento, pero debemos hacer nuestra parte y dedicar tiempo al estudio personal de la Biblia y a la preparación de la lección.

El apóstol Pablo dirigió con el ejemplo y en todo momento se esforzó por manifestar una buena conducta ante otros en el ministerio. Con su trabajo incesante para no ser carga a las iglesias, él enseñó a los creyentes en Tesalónica acerca de los peligros de la ociosidad. Él dejó a un lado sus propios derechos para ser un ejemplo a otros. Hicimos esto "no porque no tuviésemos derecho, sino por daros nosotros mismos un ejemplo para que nos imitaseis" (2 Tesalonicenses 3:9).

La meta de Pablo fue ser un modelo de integridad para aquellos que lo seguían en el ministerio. Esta también puede ser nuestra meta. A pesar de nuestra imperfección y de que muchas veces necesitamos que se nos perdone, podemos ser ejemplo si, como hizo Pablo, seguimos a Cristo y proseguimos al blanco. "No que lo haya alcanzado ya, ni que ya sea perfecto; sino que prosigo, por ver si logro asir aquello para lo cual fui también asido por Cristo Jesús" (Filipenses 3:12).

## Responsabilidad de comprometerme a recibir entrenamiento continuo

Hoy más que nunca en nuestras iglesias necesitamos maestros preparados. Sabemos que, para bien o para mal, el maestro ejerce gran influencia en la vida de un niño. Si queremos seguir el modelo bíblico, debemos enseñar con el ejemplo dentro y fuera del salón de clase. Para asegurar que quienes enseñan a los miembros más vulnerables viven una vida cristiana consecuente, en los últimos años muchas iglesias han adoptado "el plan de seis meses". Aunque no se debe esperar perfección, el período de observación de seis meses permite que los líderes comprueben si un aspirante a maestro sigue o no un patrón consecuente de vida cristiana.

En el ámbito público las posiciones de maestro requieren años de estudio especializado y generalmente incluye todo un año de práctica bajo la tutela de un maestro experimentado. Parece razonable esperar que quienes enseñan la palabra de Dios a nuestros jóvenes, y que en consecuencia influyen en la vida de ellos, constantemente se preparen para realizar su ministerio de manera más efectiva.

Los maestros pueden continuar el desarrollo de sus destrezas para la enseñanza por asistir a jornadas de entrenamiento y talleres que organice la iglesia y la denominación. Quien tiene serio interés en el desarrollo de sus habilidades para enseñar puede también invertir en buenos libros y revistas de educación cristiana. También hay a disposición de los interesados sitios web con material de muy buena calidad.

# Preparación

Como todas las cosas valiosas de la vida, se debe invertir tiempo en la enseñanza. Pero más importante es tener la motivación que nace del interior. Si las responsabilidades se cumplen solo por obligación o y por el sentido de la responsabilidad, los planes y el estudio no tendrán efectividad. El entusiasmo, aquel que fluye del corazón mientras enseñamos, es el ingrediente que hará que cada semana sus alumnos quieran aprender en la escuela dominical. Los recuerdos de este inspirador estilo de enseñanza que enfatiza en las relaciones será lo que permanezca en la mente de los alumnos después de que se desvanezcan los detalles de la lección.

Si usted ha perdido el amor por la enseñanza, considere las palabras de Pablo en 2 Timoteo 1:6: "te aconsejo que avives el fuego del don de Dios que está en ti" (RV-60), o "te recomiendo que avives la llama del don de Dios que recibiste" (NVI). Tal vez usted se pregunta: "¿Cómo se puede avivar el fuego o la llama del don y enseñar con entusiasmo semana tras semana?"

La clave es buscar a Dios para que nos dé una visión de lo que Él puede hacer en la escuela dominical, una visión de cómo puede valerse de nosotros como instrumentos para moldear vidas. Esta visión nace cuando vemos a las personas como Cristo las ve, entendemos sus necesidades, y creemos en el poder transformador de Dios. Sin esta visión, la enseñanza se convierte en una rutina. Ni los adultos ni los niños pueden aprender en una atmósfera como esta, pero sí responderán al maestro entusiasta que muestra interés en ellos.

También influimos en la clase cuando nos preparamos espiritualmente para desempeñar nuestra responsabilidad. El doctor Howard Hendricks, educador cristiano, nos recuerda que la manera más efectiva de un maestro desempeñar su labor se manifiesta cuando en vez de enseñar "de mente a mente" lo hace "de corazón a corazón".[9] Cuando en la semana dedicamos tiempo al estudio, dejamos que el Espíritu Santo nos hable e ilumine nuestro entendimiento.

No hay sustituto ni modo de eludir esta parte esencial de la preparación. Generalmente en estos momentos de oración y meditación el Señor nos da ideas y respuestas de cómo lidiar con asuntos de la clase que nos preocupan. Dios quiere dirigir a los maestros de hoy así como dirigió a los de la iglesia primitiva. Confiemos que Él nos guiará cada semana cuando nos preparemos para enseñar.

## El plan de clase

El plan de una clase es como la preparación de una comida. Después que se decide el menú, se necesita reunir los ingredientes, mezclarlos, y servirlos de manera apetitosa. Cuando tomamos un manual y simplemente leemos la lección a nuestros alumnos, es como leer una receta de un libro en vez de preparar alimentos y servirlos. La guía del maestro provee una lista de ingredientes esenciales; los recursos necesarios para una lección proporcionada. La responsabilidad del maestro es incorporar todos los elementos de manera que despierte el interés de los alumnos y los desafíe.

La planificación se facilita si usted enumera los temas y con antelación da un vistazo a las próximas unidades. Escriba el asunto y el tema de cada lección por trimestre. Añada a su lista los versículos para memorizar y los materiales. Cuando planifique, considere para las lecciones artículos de periódico o de páginas web que tengan relación con el tema. Los maestros de niños pueden comenzar un archivo temático de juegos para el repaso de la lección, lecciones gráficas, y dramas para títeres o para que representen los niños.

## El objetivo de aprendizaje

El objetivo de su lección es la verdad central o el concepto principal que usted quiere que aprendan los alumnos. Si la clase está estudiando la vida de Pablo, por ejemplo, y usted quiere que los alumnos aprendan que él llegó exitosamente al momento final de su vida, su objetivo podría ser: "Cómo mantener la mirada en la meta". Recuerde que los alumnos necesitan aprender el concepto y deben entender cómo aplicarlo a la vida. Esto significa que el maestro debe escoger aplicaciones pertinentes a las diversas edades.

Para los niños, usted puede usar como ilustración un deporte favorito de ellos. Comente la importancia de las metas en nuestra vida. Pregunte a los niños si tienen metas que quieren alcanzar. Pídales que ilustren o que escriban acerca de sus metas y, si quieren, que comenten con la clase lo que escriban. Comente cómo las distracciones y las tentaciones pueden ser obstáculo para que alcancemos nuestras metas.

Use objetos o fotografías para ilustrar las distracciones, y escoja juegos que ilustren el empeño de alcanzar una meta. Seleccione ejemplos de la vida de atletas cristianos y del entrenamiento a que se someten para tener buen éxito. Finalmente, guíe a los niños para que en la vida de ellos definan metas que honren a Dios. Este sería un buen momento para que usted les hable de su experiencia cuando ha definido metas para su propia vida.

## Elección de los métodos de enseñanza

No importa a qué grupo enseñe, deberá decidir qué métodos de enseñanza usará, cómo organizará el salón de clase, y la mejor manera de alcanzar su objetivo general. Cuando comencé a orientar a un grupo de adultos sobre cómo enseñar a los niños, noté un gran contraste entre mi auditorio de adultos y los niños a los que siempre enseñaba. Tuve que adaptar mi metodología y mi enfoque general para satisfacer las necesidades de otra edad. Debido a la experiencia en la vida, los adultos no necesitan tantas explicaciones como los niños. Tampoco necesitan la misma cantidad de ayudas visuales. El nivel de energía en un salón de clase lleno de adultos era considerablemente más bajo que el que hay en un salón lleno de niños. . . y no era necesario repetir las reglas de conducta para mantener el orden.

La edad del grupo que enseña determinará los métodos, la organización del salón, y las metas de la lección. Piense en el grado de interacción de los alumnos en el salón de clase. Tenga presente las diversas estrategias de enseñanza y evite el uso excesivo de una de ellas.

Para esmerar la influencia de su enseñanza, use métodos que permitan que los alumnos opinen y analicen los temas. La participación en el salón aumentará la interacción entre los alumnos y creará una atmósfera más abierta donde estos podrán aprender de los demás y del instructor.

Los estudios muestran que los alumnos aprenden mucho más cuando participan que cuando simplemente se sientan y escuchan. Cuando hay preguntas y opiniones, los participantes revelan la comprensión del tema o la falta de ella. Esta será una señal para el maestro de que debe ofrecer a la clase mejores ilustraciones y explicaciones más completas. También es una oportunidad de que el maestro los desafíe a que por sí mismos busquen la respuesta en la Biblia.

Una función del maestro es guiar, orientar a los alumnos hacia una comprensión más clara de un tema dado sobre la base de la autoridad de la Biblia. Sin embargo, no se debe esperar que el maestro sea el único que reflexione. Provoque la inteligencia de los alumnos con preguntas de análisis, y desafíelos a indagar en las Escrituras y a pensar en las aplicaciones con prácticas a la vida.

Otros métodos de enseñanza eficaces con alumnos de educación secundaria y con universitarios son los paneles de discusión, las breves dramatizaciones, y las presentaciones con medios audiovisuales seguidas de análisis y comentarios.

## Organización del salón de clase

La organización de su salón de clase puede complementar la enseñanza o ser una distracción. En el caso de los adultos, una manera de estimular la interacción y la participación es tener en el salón una mesa redonda u ordenar las sillas en semicírculo de manera que los alumnos se sienten frente al instructor. Si usted usa el método de discurso, asegúrese de tener en el salón un área que invite a la conversación. Esta puede ser una mesa con el refrigerio y algunas sillas o una mesa de bienvenida donde los alumnos firmen la lista de asistencia y reciban una etiqueta con su nombre. Una mesita con libros y otros materiales que se relacionan con el tema de estudio puede ser el catalizador de la conversación y la interacción entre los alumnos. Las misiones y el trabajo social que la clase realiza también atraen a las personas y les permite planear y trabajar en pequeños grupos.

La organización del salón de clase de los niños requiere un plan más elaborado y que considere la preparación de la lección. Sin sacrificar espacio, usted puede arreglar su salón de clase de manera que contribuya al orden, y que también dé lugar a la creatividad y a la actividad física. Un salón grande puede dividirse en diversas áreas: adoración, historia bíblica, títeres, y otra que se dedique a actividades preliminares, juegos de repaso, labores manuales, y merienda.

Los niños se adaptarán a las áreas que están claramente definidas para una actividad específica. Los niños más pequeños, por ejemplo, querrán sentarse en rectángulos de material de alfombra o en sillas pequeñas que se puedan disponer en semicírculo para el tiempo de la historia y que fácilmente se puedan retirar para otras actividades. Los espacios claramente definidos para las diversas actividades reducirán las distracciones y hará posible que los niños atiendan. A los niños mayores les gusta las áreas de interés en que de una variedad de actividades pueden elegir la que más les guste. Los alumnos se interesarán y querrán participar en el aprendizaje si se les ofrece juegos autodirigidos de repaso de la lección y proyectos creativos.

## Presentación

Cuando planee su presentación, recuerde que sus métodos deben fluir de los planes de clase. Tal vez usted es un experto titiritero, pero es posible que para cierto tema podría enseñar con más eficacia si usara otro método. Uno de los beneficios de la enseñanza en equipo es ocasionalmente tener otros maestros que presenten la lección con un método o estilo diferente. La presentación también puede estar a cargo de un orador invitado cuyo talento beneficie a la clase. Estos consejos fortalecerán el ministerio de la enseñanza en su clase y sus alumnos se sentirán complacidos con la variedad.

Recuerde que la presentación es más que el formato de discurso a cargo de un maestro. Para los niños, puede incluir una actividad preliminar que los haga participar y usar las manos. Para los adultos, puede ser un tiempo de diálogo entre los alumnos acerca de un tema específico que culmine con la lección. Los jóvenes disfrutan las presentaciones de videos humanos y de medios electrónicos.

Además de la variedad de métodos para las diversas edades, su presentación siempre debe incluir ciertos elementos clave. Esta debe atraer al grupo que usted enseña y debe comunicarse en un formato que los alumnos entiendan con claridad y con el que puedan relacionarse. El uso de las ayudas visuales generalmente aumenta la efectividad. Escoja cuidadosamente las ilustraciones, no solo para atraer la atención de los alumnos, sino con el fin de reforzar el mensaje. El mal uso de una ilustración puede distraer a los alumnos del objetivo y desvirtuar el propósito de la lección.

## Expectativas

Cuando pide a Dios que use su trabajo, sus dones, y su talento, el maestro puede descansar con la seguridad de que cuenta con la ayuda de Dios. No olvidemos la historia de Moisés. Aunque había sido educado en la corte de Faraón, Moisés pensaba que no era la persona adecuada para el trabajo que Dios le encomendó. El Señor utilizó a Moisés y su vara, el instrumento que este había usado para apacentar las ovejas en el desierto, para conducir a todo un pueblo a la Tierra Prometida. Dejemos de compararnos con Moisés y pensemos que esta extraordinaria historia debe ser un estímulo para nosotros; Dios quiere utilizar como instrumento suyo a cualquier hombre, mujer, niño, o niña que esté dispuesto a servir.

Cuando permitimos que el Espíritu Santo obre, a través de la enseñanza podemos ejercer una buena influencia en la vida de otros. Pida a Dios que lo unja y capacite para ministrar en el nombre de Cristo.

## Evaluación

Cada vez que se propone enseñar hágase las siguientes preguntas:
1. ¿Busco maneras de animar a mis alumnos?
2. ¿Qué hacen los alumnos de mi clase para incluir a las visitas en las actividades en el salón de clase y fuera de él?
3. ¿Qué hace su clase para alcanzar a los que están fuera del salón de clase e influir en la comunidad?

4. ¿Qué estoy haciendo a fin de desarrollar los dones para la enseñanza que Dios me dio?
5. ¿Evalúo con regularidad mi efectividad como maestro?
6. ¿Busco nuevas maneras de ministrar con mayor efectividad?

## Notas

[1]Guy Rice Doud, *Molder of Dreams [Forjadores de sueños]*, (Pomona, Calif.: Focus on the Family, 1990), 52.

[2]Ibid., 56.

[3]Ibid., 83.

[4]Ibid., 83.

[5]Ibid., 84.

[6]Ibid., 7.

[7]Rob Parsons, *Almost Everything I Need to Know About God I Learned in Sunday School [En la escuela dominical aprendí casi todo lo que necesitaba saber acerca de Dios]* (Nashville, Tenn.: Thomas Nelson, 1999), xi.

[8]Thom S. Rainer, *High Expectations [Altas expectativas]* (Nashville, Tenn.: Broadman / Holman Publishers, 1999), 29-47.

[9]Howard Hendricks, *Teaching to Change Lives [Enseñar para cambiar vidas]* (Sister, Ore.: Multonomah, 1987), 81.

## La enseñanza que deja una viva impresión

# Define una norma de madurez

Por
Clancy P. Hayes

La escuela dominical es una agencia concentrada en las personas y un movimiento dirigido por propósitos.

—W. Talmadge Johnson

Conforme la mañana transcurría, la escena parecía un sueño a los ojos del pastor. La iglesia estaba llena y los ujieres rápidamente disponían sillas en los pasillos para que las visitas tuvieran donde sentarse. El equipo de adoración parecía tener una especial unción y la congregación estaba completamente abstraída con la adoración y la alabanza al Señor. Aun la música especial no tuvo las notas disonantes ni las vacilaciones de presentaciones anteriores. El pastor se llenó de satisfacción cuando vio que los diáconos y los líderes laicos estaban expectantes y que sonrientes y entusiastas se sumergían en este nuevo fervor.

No siempre había sido así. La iglesia había pasado por divisiones, descontentos, y conflictos financieros que habrían destruido a muchas congregaciones. A la vez, había desarrollado una reputación en la comunidad que estaba lejos de ser positiva. Los miembros que quedaban habían perdido la esperanza de que la iglesia se recuperara. Los sueños y la visión que los líderes tuvieron al principio se convirtieron en una melancólica esperanza de que esta sobreviviría.

Ahora podían soñar nuevamente. Y el pastor, sonriente, se acomodó en el asiento y se preguntó qué depara el futuro a la congregación. La gran interrogante que resonaba en su pensamiento no era ya acerca de la supervivencia de la congregación; ahora se preguntaba "¿cuánto más creceremos?" La experiencia le había enseñado que el impulso es un ingrediente indispensable para el crecimiento de la iglesia, y ahora que lo tenían trabajaría con todas sus fuerzas para mantener ese ambiente.

Todo había ocurrido en el momento propicio. Dos años antes habían saldado la hipoteca de la iglesia y ya no tenían deuda. El edificio era amplio y aun tenían suficiente lugar para la expansión de la congregación. Hasta las personas que sentían amargura por lo que había ocurrido en el pasado habían hecho las paces y estaban en unidad con el resto de la congregación. Expresaron aprecio por el pastor y su familia y resolvieron someterse a su liderazgo. Según la opinión del pastor, el único factor que obstaculizaba el continuo crecimiento de la congregación era la dimensión de su visión.

En eso . . . ¡Dios hizo su aparición! Su presencia no era visible ni su voz audible, sin embargo, estaba allí, y el pastor podía sentirla. Un susurro en su corazón cambiaría su vida y su ministerio para siempre.

—Hijo —habló Dios—, te has hecho la pregunta equivocada y, en consecuencia, has llegado a la conclusión equivocada.

—¿Cuál es la pregunta correcta? —respondió el pastor.

—Tu pregunta debe ser: ¿Qué tipo de material produce la iglesia? La respuesta de Dios tenía que ver con prioridades y propósitos.

Cuando con la mirada recorría la congregación, el pastor comenzó a entender el mensaje. Vio parejas que todavía lidiaban con conflictos matrimoniales que ya deberían estar resueltos. En muchos miembros antiguos de la iglesia vio una persistente condición de inmadurez que no cambiaba a pesar de todos los mensajes. También vio a muchos (incluidos líderes de la congregación) cuya honradez y manejo de las finanzas eran digno de cuestionar.

El pastor reconoció que si, como Dios dijo, el buen éxito de la iglesia se ha de juzgar por lo que produce, entonces la prioridad para el futuro debía ser el desarrollo de creyentes maduros. Repentinamente, en su mente todo se aclaró. *El ministerio que deja una viva impresión debe tener como prioridad la transformación de las personas y la madurez espiritual.* La responsabilidad bíblica del ministro y la responsabilidad de la iglesia era crear un ambiente que propiciara el crecimiento espiritual, hiciera frente a la decadencia espiritual, y fomentara la madurez espiritual (una conducta y una actitud como la de Cristo).

Este pastor ya no mediría su buen éxito conforme los criterios tradicionales: individuos, entradas, y edificios. La norma sería la madurez de los creyentes como discípulos de Cristo que viven el gozo y la satisfacción de influir en la vida de otros.

**E**l resultado del tiempo y la energía que los maestros invierten debe ser la transformación de sus alumnos. ¿Cómo percibimos esa transformación y cómo podemos medirla para determinar si corresponde a los que Dios espera?

Es importante que el maestro determine las razones de la transformación que espera ver en sus alumnos, que también descubra su responsabilidad, y lo que debe hacer para que esta se produzca. En este capítulo encontrará prácticas sugerencias que lo ayudarán a alcanzar esas metas.

## Razones

Hay complejas razones que hacen necesarias en el proceso de transformación las metas que se pueden medir. El limitado espacio no permite la presentación de una exhaustiva lista de razones de que debemos definir metas que se puedan medir, pero el raciocinio que se provee en este caso proveerá a su vez una representación global de razones de este vital aspecto de su ministerio a alumnos de toda edad.

### El mandato bíblico

El mandato de la Biblia es la principal razón de supervisar el crecimiento de los alumnos como discípulos. La norma que Pablo establece en la epístola a los Efesios es el criterio que se usará para juzgar la labor de maestros y otros líderes de la iglesia.

> Y él mismo constituyó a unos, apóstoles; a otros, profetas; a otros, evangelistas; a otros, pastores y maestros, a fin de perfeccionar a los santos para la obra del ministerio, para la edificación del cuerpo de Cristo, hasta que todos lleguemos a la unidad de la fe y del conocimiento del Hijo de Dios, a un varón perfecto, a la medida de la estatura de la plenitud de Cristo (Efesios 4:11-13).

Un maestro puede hacer muchas cosas importantes. Pero a fin de cuentas su labor debe transformar espiritualmente a los alumnos; de otro modo, la enseñanza sólo afectaría el aspecto natural de ellos. Nadie duda de la importancia de la información (Romanos 10:14). Sin embargo, la sola acumulación de conocimiento es una vana meta para quien enseña la palabra de Dios (Romanos 2:13).

La responsabilidad de ayudar a los alumnos a aplicar lo que aprenden establece la diferencia entre un maestro de escuela dominical y un maestro de escuela pública. No es suficiente presentar información cognitiva que los alumnos podrán repetir en algún examen. El conocimiento bíblico es importante, pero no suficiente. Miles de agnósticos en nuestro mundo tienen más conocimiento de la Biblia que muchos cristianos maduros. Cuando Dios haga la evaluación final de nuestro trabajo, las calificaciones más altas serán para quienes estimularon a los alumnos a que crecieran en todos los aspectos de la vida espiritual.

## La importancia de un acercamiento deliberado[1]

Un antiguo proverbio afirma: "Si no tienes un blanco, siempre acertarás." Sin darse cuenta muchos maestros han adoptado este lema para hacer su clase. Generalmente salen del salón con la incertidumbre de qué hicieron en él. No nos debe extrañar que maestros como estos salgan del salón convencidos del buen éxito porque pudieron terminar la clase invictos.

Si usted se ha preguntado por qué enseña cada semana, probablemente necesite desarrollar un acercamiento deliberado para su enseñanza. El primer paso es reconocer la necesidad de tener una perspectiva de lo que se quiere alcanzar en el proceso de maduración. Esta debe ser clara para poder planear los pasos que se darán en el salón de clase cada semana. Si el maestro no realiza esta tarea, no habrá seguridad de que cada clase ha contribuido al proceso de maduración de los alumnos.

Desde la sala cuna a la clase de adultos, los maestros deben preparar cada sesión de manera que refuerce un plan general cuya meta es guiar a los alumnos de un nivel de madurez al próximo. Determine la estatura que usted (y Dios) quiere que sus alumnos alcancen en Cristo. Después, con ese resultado en mente, desarrolle los componentes de su clase.

Hay más que una ventaja cuando se tiene una perspectiva a largo plazo del proceso de discipulado. Es necesario que usted sepa, por ejemplo, que no es necesario hacer mucho y variado en una sola lección. Puede dedicar una semana a la exposición de un pasaje de las Escrituras. Otra semana puede dedicar la mayor parte del tiempo a la oración intercesora. Tal vez puede dedicar una serie de semanas al aspecto de la lección que apunta al fortalecimiento de las relaciones entre los alumnos. Si se considera el resultado espiritual a largo plazo, en vez de lecciones independientes y aisladas, el maestro podrá ver bloques de lecciones.

## Las personas responden a las expectativas

Cuando estudió en la escuela, ¿estuvo usted alguna vez en una clase en que el maestro no aplicaba pruebas ni exámenes a los alumnos que los hiciera responsables de lo que habían aprendido? En una clase como esa es posible que, como la mayoría de los alumnos, usted no se esforzara tanto como para otras materias en que el promedio de calificaciones dependiera del rendimiento.

Las personas trabajan con mayor ahínco cuando saben que su trabajo será medido. Esta declaración tiende a ser un principio que gobierna todas las áreas de la vida, aun la del crecimiento en Cristo. Generalmente las personas que tiene una clara meta espiritual se esforzarán más que aquellas que no tienen metas definidas. Si no explica sus expectativas espirituales a sus alumnos, usted no puede esperar un gran resultado del tiempo y de la energía que ha invertido en su función de maestro.

Los alumnos se sentirán desafiados a obedecer los mandamientos de Cristo si con claridad ven una senda a la madurez espiritual. Ellos reconocerán que asistir a la escuela dominical es más que una ocasión social o un deber religioso. Entenderán que la escuela dominical provee los ingredientes espirituales que, cuando se amalgaman con otras oportunidades de ministerio en la iglesia, darán como resultado la transformación del carácter a la imagen de Cristo.

# Responsabilidades

Los líderes de la iglesia tienen la responsabilidad de diseñar un plan de crecimiento espiritual o una estrategia de discipulado cuyo progreso se pueda medir. El equipo de maestros de la iglesia debe participar en esta tarea. Una vez que se ha articulado la estrategia, los maestros y otros líderes deben planear maneras de aplicar la estrategia a la vida de los alumnos. La aplicación de la estrategia en bien de los alumnos significa que los maestros deben adoptar principios que hagan énfasis en la transformación.

## Los maestros y los líderes deben ver la necesidad

Hay maestros de la escuela dominical que no ven su participación en el proceso de discipulado. Si cada semana los alumnos están en el salón de clase y se estudia todo el contenido de los materiales, estos maestros sienten que han cumplido la tarea que se les ha asignado. Sin embargo, los maestros deben ver su tarea como una meta de discipulado más amplia. De no hacerlo, nunca evaluarán el progreso espiritual de los alumnos en situaciones fuera del salón de clase: en el hogar, en la escuela, y en la recreación.

Si los maestros y los líderes de la iglesia no se detienen a mirar más allá de las cifras de los presentes el domingo, el crecimiento espiritual será nada más que un mero accidente. Ocasionalmente, alguien se destacará por su crecimiento espiritual y será la excepción de la clase. Lo que ocurra debería ser lo contrario. El crecimiento espiritual y la madurez deben ser la norma, no la excepción.

En cualquier momento el maestro puede hacer una transición de la enseñanza sin propósito a la enseñanza con metas definidas que produce madurez espiritual. Pero esta transición generalmente comienza cuando el maestro no se siente satisfecho con el progreso de sus alumnos. La oración y el examen personal introspectivo revelarán al maestro que sus alumnos deberían estar en un nivel superior de desarrollo espiritual. En su mente verá niños que aprenden a amar, o adolescentes que desarrollan una pasión por el servicio, o adultos que se comprometen a vivir como ciudadanos del reino de Dios. Cuando se adueña de esta visión, el maestro siente la urgencia de encontrar la manera de que se haga realidad.

## El maestro debe promover la visión

Quien enseña debe ayudar a sus alumnos a ver que hay un potencial en ellos por la simple razón de que están en Cristo. El maestro no debe suponer que ellos entienden los principios de crecimiento espiritual, o que entienden a cabalidad la responsabilidad que tienen en el cuerpo de Cristo. Muchos alumnos creen que cumplen su obligación espiritual cuando cada domingo se sientan en un salón de clase de la escuela dominical. Quien enseña la palabra de Dios no debe ratificar este error.

Promueva la visión del desarrollo espiritual por desafiar a sus alumnos a dar el siguiente paso en el proceso de madurez. En el área de la iglesia que corresponde a los niños más pequeños, exhiba afiches acerca de la importancia de compartir. Cuando los adolescentes expresan su fe de maneras prácticas, pueden reflejar su crecimiento espiritual en la escuela y en la comunidad. Motive a los adultos a descubrir sus dones espirituales y a usarlos. Su responsabilidad como maestro es constantemente orientar a sus alumnos a ver más allá de las necesidades personales. Enséñeles que deben usar las herramientas espirituales que Dios les ha dado para satisfacer las necesidades de otros.

## El maestro debe capacitar a sus alumnos

La capacitación permite que una persona avance del conocimiento a la práctica. Muchas veces, el maestro que capacita deberá andar al lado del alumno a quien capacita para mostrar cómo practicar el conocimiento. En ambos casos es responsabilidad del maestro hacer que el alumno avance de la dependencia a la competencia.

La capacitación de los alumnos requiere dedicación y un conjunto de habilidades diferentes de las que tiene el típico maestro de escuela dominical. La capacitación es un largo proceso que, de parte del estudiante, demanda un deseo de cambiar y, de parte del maestro, paciencia. Durante los tres años que estuvo con sus discípulos, Cristo mismo estuvo dispuesto a invertir en el laborioso proceso de discipulado. Este ejemplo es un testimonio de la necesidad de la capacitación práctica.

# Preparación

Usted ha reconocido la importancia de tener metas de madurez que se puedan medir. Usted ha determinado sus responsabilidades básicas de cumplir esas metas. Ahora debe definir con exactitud qué metas guiarán a sus alumnos a la siguiente etapa de desarrollo espiritual. La preparación para esta tarea requiere los siguientes componentes.

## Determine un modelo bíblico de madurez

Se puede usar una variedad de modelos en el proceso del discipulado. El modelo que usó Cristo se resume con las cuatro declaraciones de la filosofía de discipulado *Edificamos Gente* (cuya promoción se incluye en otros materiales que publica Gospel Publishing House): "Vengan y Vean" (Juan1:39), "Vengan y Síganme" (Marcos 1:17), "Vengan y Sean" (Marcos 3:13), "Quédense y Vayan" (Juan 15:5, Mateo 28:19).

Estas cuatro declaraciones se han traducido en las siguientes metas de discipulado que se pueden medir: (1) ayudar a los alumnos a comprometerse a participar en la iglesia local, (2) ayudar a los alumnos a comprometerse a desarrollar una íntima relación con Dios, (3) ayudar a los alumnos a comprometerse a participar en el ministerio a otros, (4) ayudar a los alumnos a comprometerse a participar en el discipulado de otros. En lo que resta del capítulo, el proceso *Edificamos Gente* se usará como el principal modelo de discipulado.

## Haga un análisis de los recursos disponibles

Una vez que decida el modelo de discipulado que adoptará, comience a buscar los recursos que ayudará a sus alumnos a cumplir las metas espirituales relacionadas con ese modelo. No diga a sus alumnos cómo debería ser la vida de ellos, a menos que esté preparado para decirles cómo alcanzar esa meta. Ese tipo de comentario solo les causará frustración.

Algunos modelos de discipulados, incluidos *Edificamos Gente,* cuentan con materiales para guiar a las personas en el proceso de aprendizaje. Si después de estudiar las Escrituras encuentra otro modelo más apropiado, usted debe estar dispuesto a buscar recursos de apoyo. Si no encuentra, usted mismo deberá preparar estos recursos. El punto que se quiere recalcar es la necesidad de tener materiales para alcanzar las metas que usted considera importantes. Dicho de otra manera, usted necesita un acercamiento deliberado del discipulado, y debe procurar que sus alumnos estén familiarizados con los recursos que lo ayudarán a crecer en Cristo.

## Desempeñe la función de administrador

El maestro que causa una viva impresión acepta la función de entrenador de la vida de sus alumnos. No se considera un simple comunicador de información. Es un administrador de las habilidades que hará que los alumnos maduren en la fe. Para muchos maestros, este es un cambio difícil; significa que deben enfocar las necesidades de los alumnos desde la perspectiva de la Biblia. A pesar de que es esencial en el proceso de discipulado, muchos maestros creen que no son fieles a la palabra de Dios cuando realizan este cambio.

El maestro no menosprecia la Biblia cuando cambia el enfoque de la presentación de la lección al efecto que esta tiene en la vida del alumno. La Biblia nunca ha sido un libro que contenga información que no se aplique a la vida del lector. El propósito de las Escrituras es revelar el plan de salvación de Dios y transformar vidas.

Cuando usted se prepare para ayudar a sus alumnos a madurar, incluya ejemplos prácticos de cómo puede aplicarse a la vida la información de la Biblia. Anime a los alumnos a sugerir ejemplos. Revístase de valor y comente fracasos y victorias de su travesía espiritual. Esta disposición suya como maestro ayudará a los alumnos a permanecer en la senda de la madurez espiritual una vez que salgan del salón de clase.

El maestro que supervisa el crecimiento espiritual no tiene que tomar a los alumnos de la mano. Lo que sí debe hacer es ayudarlos a establecer sus propias metas, animarlos en su crecimiento espiritual, evaluar sus fortalezas y vulnerabilidades, ayudarlos a determinar sus talentos, advertir acerca de errores doctrinales o de conducta, y proveer oportunidades de ministerio. Cierto, el ministerio de la enseñanza sí implica una inversión personal mayor de la que típicamente los maestros harían. Sin embargo, el producto final de la inversión será madurez espiritual.

## Cultive los dones espirituales

El maestro que tiene como enfoque la transformación espiritual de sus alumnos sabe que, desde el ángulo del fruto del Espíritu, hay en el grupo una gran variedad. Además, tal maestro sabe que sus alumnos deben descubrir sus dones espirituales y estar dispuestos a usarlos en el servicio a Dios. Esta disposición es un componente clave del proceso de madurez espiritual.

Algunos maestros se concentran en el desarrollo de los dones que se enumeran en Efesios 4 o en 1 Corintios 12 porque son "espirituales". Pero además de estos, Cristo dio otros dones a la iglesia. En la lista de Romanos 12, por ejemplo, se mencionan algunos dones más "terrenales", como la hospitalidad. El maestro debe reconocer que todos los dones del Espíritu son importantes y debe animar a sus alumnos a desarrollarlos. Hay muchos libros y estudios acerca de los dones que lo pueden orientar en este importante aspecto de la capacitación del discípulo.

# Presentación

La adecuada preparación hará posible que se presente de forma efectiva a los alumnos las metas del discipulado. Su preparación debe ser un reflejo de los valores básicos del proceso de discipulado que usted promueve. He aquí un ejemplo de las declaraciones de valor de proceso de discipulado *Edificamos Gente*. Si usted opta por otro proceso de discipulado, asegúrese de que está de acuerdo con los valores de quienes promueven el material, de lo contrario, desarrolle sus propias declaraciones y sea consecuente con ellas.

## Declaración global del valor de *Edificamos Gente*

"Cada persona es valiosa y es el punto focal de nuestro ministerio."[1]

"A pesar de que hay muchos modelos y posibles estructuras de ministerio, el principio del individuo no se debe negociar. La historia de la iglesia ha comprobado que las corrientes culturales y sociológicas pueden impactar el programa o el estilo de la iglesia; sin embargo, el cambio en la vida del individuo es el requisito medular y el absoluto eterno.

"Aparte de la vida y las enseñanzas de Cristo no hay otra fuente que dé mayor importancia al individuo. Él estableció un patrón para sus discípulos y para la iglesia de hoy. El patrón enfoca claramente el ministerio al individuo y sus necesidades."[2]

## *Edificamos Gente*—Declaración de valor #1

"Toda persona tiene derecho de recibir el mensaje del evangelio a su nivel de comprensión."[3]

Según los arquitectos de la filosofía *Edificamos Gente,* "el énfasis debe ser el nivel de comprensión de la persona. La declaración no admite una presentación general del evangelio. Sólo se acepta el esfuerzo según el nivel de la persona."[4]

Es un gran compromiso adaptar las lecciones a las necesidades de los alumnos. Requiere que el maestro conozca a cada alumno y sus características y, que en consecuencia, incluya en la lección una variedad de métodos que satisfagan las necesidades de ellos. También se precisa que el maestro conozca las necesidades de la etapa del desarrollo de ellos. Felizmente, hay una serie de fuentes que nos ofrecen esta información, incluido los videos *Here's How* [*He aquí cómo*] de Gospel Publishing House.

## *Edificamos Gente*—Declaración de valor #2

"Toda persona necesita una brújula bíblica y moral que la guíe y proteja en su vida."[5]

El supuesto básico de un maestro de la iglesia es la autoridad absoluta de la Biblia. Además, debe creer que la palabra de Dios ofrece dirección clara a la vida diaria del cristiano. Cuando incorpora estos supuestos como un elemento clave de la filosofía personal, el maestro verá la necesidad de comunicar y mostrar esta verdad a sus alumnos.

Otro aspecto importante de esta declaración de valor es el reconocimiento de que el aprendizaje es un proceso. La escuela de la Biblia no finaliza después que se ha estudiado un cierto número de cursos. En esencia, no nos graduamos sino hasta que el Maestro nos llama a la "ceremonia de entrega de diplomas", cuando se reconocerá nuestro esfuerzo. Nuestra labor de maestro nunca acaba. Y mientras haya nuevos alumnos en nuestra clase, nunca nos faltará el material para enseñar.

## *Edificamos Gente*—Declaración de valor #3

"Todo creyente tiene dones únicos que deben ser descubiertos, desarrollados, y usados para el fortalecimiento de la iglesia."[6]

"El sacerdocio de los creyentes" es un principio básico de la iglesia protestante. A pesar de que muchas de nuestras congregaciones tienen una estructura de dos peldaños, que a menudo reconocemos como clero y laicado, no podemos decir que sea un concepto bíblico. La Biblia enseña que todos los que han recibido salvación tienen una posición de ministerio en la iglesia y se les ha dado dones para que cumplan su función. Algunos tienen los dones para ser pastor; otros tienen los dones para practicar la hospitalidad.

Si usted acepta este valor, podrá enseñarlo a sus alumnos. Usted les hará ver la necesidad de que participen en el ministerio, y los ayudará a identificar con qué don pueden servir. Una vez que se identifique el don, usted los ayudará a que lo desarrollen, o los referirá a alguien que los supervise.

### *Edificamos Gente* – Declaración de valor #4

"Cada creyente tiene un propósito que cumplir en el avance de la misión global de Cristo y la Iglesia"[7]

El maestro que acepta esta declaración de valor reconoce que el ciclo del discipulado no se completa sino hasta que el discípulo comienza a discipular a otro. Este puede ser un discipulado local o puede ser global. Generalmente, el discípulo alcanzará más personas que el maestro. Este principio de la multiplicación del ministerio refleja el deseo de Cristo cuando dio instrucciones a los discípulos: "Id, y haced discípulos a todas las naciones, bautizándolos en el nombre del Padre, y del Hijo, y del Espíritu Santo; enseñándoles que guarden todas las cosas que os he mandado; y he aquí yo estoy con vosotros todos los días, hasta el fin del mundo" (Mateo 28:19,20).

Al presentar las lecciones, el maestro debe constantemente desafiar a los alumnos a alcanzar a los perdidos y a cumplir la Gran Comisión que nos dio Cristo. Todo discipulado debe apuntar a esta etapa de reproducción en la vida del creyente.

# Expectativas

El maestro que adopta una filosofía de ministerio y enseña según esas metas, debe esperar que los resultados de su esfuerzo reflejen esa

# La enseñanza que deja una viva impresión
# Fomenta la creatividad en el salón de clase

Por
Verda Rubottom

Dentro de los parámetros bíblicos y a través de la escuela dominical debemos comprometernos a descubrir nuevas maneras de comprender las verdades de la Biblia.

—Lyle Pointer

El hombre apareció repentinamente. Larga la túnica, crecida la barba, cualquiera diría que era un "apóstol". Se sentó en el círculo de maestros y comenzó a describir la clase de la que había sido parte dos mil años antes. La llamaremos la clase del año 33.

"Según recuerdo, éramos 12 alumnos en aquella primera clase, y lo menos que puedo decir acerca del grupo es que no prometía mucho. El nombre de mis condiscípulos se ha hecho familiar en la mayoría de las iglesias: Pedro, Juan, Jacobo (hermano de Juan), Mateo, Andrés, Felipe, Bartolomé, Jacobo (hijo de Alfeo), Judas Iscariote, Judas Tadeo, y Simón. Éramos un grupo diferente y muchos dijeron que no tendríamos buen éxito. Sin embargo, la mayoría sí nos distinguimos en años posteriores.

Nuestro salón de clase era relativamente pobre. Se podría decir que era primitivo. Según las exigencias modernas, no teníamos el equipo necesario. No teníamos edificio, ni fondos, ni una junta administrativa, ni comités. Pero lo que sí teníamos suplía todas nuestras necesidades: ¡Un maestro extraordinario! Si quieren mi opinión, teníamos *el Maestro*. Él fue el factor imprescindible de nuestro buen éxito. Aunque se caracterizaba por su humildad, hablaba siempre con autoridad. Era práctico pero también idealista. Respetaba la tradición, pero no era esclavo de ella. Honraba la Ley, y enseñaba que en ella había vida y amor. Su enseñanza principal era muy sencilla: "Si quieren conocer la verdad, conózcanme a mí porque *¡yo soy la verdad!*" Lo más sorprendente es que en esas palabras no había egoísmo. ¡Él tenía razón! Él era la Verdad personificada.

"Cuando se trataba de enseñar alguna destreza, Él era el mejor maestro. Insistió en que debíamos conocernos de manera íntima y personal. Él atraía nuestra atención con conocimiento que era pertinente y que presentaba con toda creatividad. Ilustraba conceptos profundos; pero no se complicaba con detalles. Siempre hubo variedad en su enseñanza, y nosotros la disfrutamos. Él sí sabía contar una historia, pero también usaba lecciones prácticas. Usó una moneda con la imagen del César, habló de un niño que se sentó en su regazo, y también se refirió al Templo. Sus ayudas visuales eran las más comunes: una semilla de mostaza, una piedra de molino, las aves, las flores del campo; siempre aprendimos algo nuevo de estas lecciones. Cada vez que veíamos algunos de estos objetos, recordábamos las lecciones del Maestro.

"También personificaba las verdades que quería enseñar. En pocos minutos convirtió el agua en vino, alimentó a cinco mil personas con unos pocos panes y peces, y resucitó a Lázaro. Y como ya dije, también personificó algunas verdades que nos enseñó. Además de ser la Verdad, nos dijo que Él era la puerta, el pan de vida, y el buen pastor. También nos hizo participar en algunos trabajos que nos enseñaron tanto como sus palabras. También nos preguntó acerca de cosas que ocurrían, como lo que la gente decía acerca de Él, su identidad. Y cuando nos envió en una misión de entrenamiento práctico, quiso saber cómo nos había ido.

"Casi siempre dio a sus lecciones una aplicación para esta vida. Recuerdo cuando regresamos eufóricos porque habíamos expulsado demonios en su nombre. Él nos dijo que la verdadera razón de nuestro regocijo debía ser la seguridad de que nuestros nombres estaban escritos en el cielo. Él nos sorprendió con esa declaración. Sus preguntas eran profundas y sus declaraciones audaces y paradójicas. Cuando teníamos una pregunta, Él respondía con honradez. Debo admitir que a veces nos costaba entender. Sin embargo, Él siempre buscaba otras maneras de explicar: a veces con una historia, a veces con una pregunta de retórica. Como ya dije, nuestro maestro era un artífice de la comunicación.

"Una de las muchas virtudes que lo que caracterizaban como Maestro excepcional era su honrado interés en las personas. Sin embargo, tenía altas expectativas, elevadas normas para sus discípulos. De hecho, las enseñó con tal claridad que algunos decidieron no seguirlo más.

Acerca de la lealtad, dijo: "¡Sólo Dios, nadie más!"

Acerca de las motivaciones, dijo: "¡Primero el reino; búsquenlo!"

Acerca del compromiso, dijo: "¡Quiero todo: corazón y alma, mente y cuerpo!"

Acerca de la crítica, dijo: "¿Has visto la viga que tienes en tu ojo?"

Acerca del perdón, dijo: "¡Perdonen 70 veces 7!"

Acerca del orgullo, dijo: "¡Vengan como niños!"

Acerca de la oración, dijo: "Decidan lo que quieren, reconocimiento o ayuda, después oren con esa intención."

Acerca de la fe, dijo: "¡Pidan!"

Acerca del cielo, dijo: "Tengo un lugar preparado para ustedes."

"Como dije, a pesar de que algunos decidieron dejarlo, un maestro como este generalmente tiene muchos alumnos; toda clase de gente, por diversas razones. Algunos querían pan, otros la verdad. Algunos vinieron movidos por la curiosidad de ver milagros. Otros vinieron como espías, para ver qué podían objetar porque se sentían amenazados con las enseñanzas del Maestro. Querían hallar la manera de destruir lo que Él había comenzado. Aunque nos cueste creer, finalmente mataron al Maestro y clausuraron su clase . . . ¡por lo menos eso pensaban! Sin embargo, no es posible ocultar la verdad en un sepulcro. Ellos creían que lo habían hecho . . . ¡pero Él resucitó!

"Tengo que admitir que yo fui uno de esos que dudó acerca de su plan. Tal vez por eso la gente me conoce como "el desconfiado". Mi nombre es Tomás, y pertenezco a la promoción del año 33. Hoy me doy cuenta que la clase todavía está abierta y que cada día se aceptan nuevos alumnos. Puedo ver que los maestros, como nosotros, han sido alumnos del Maestro de maestros. Enseñan con creatividad.

Como nosotros, ellos están llenos de su Espíritu y de su poder. Tal como Él dejó una impresión en nosotros, los Doce, los maestros de hoy la dejan en sus alumnos.

**L**a creatividad en el salón de clase es una idea maravillosa para algunos; para otros es desconcertante. Cada persona puede tener una interpretación diferente de su significado. Para algunos, puede ser un riesgo permitir que en la escuela dominical los alumnos se expresen de manera creativa. Ven la creatividad como una atmósfera licenciosa, sin control ni estructura. Otros creen que las actividades creativas son una pérdida de tiempo si se considera que necesitamos dar prioridad al aprendizaje serio.

Estas son importantes preocupaciones, especialmente en el salón de clase donde no hay control. Nadie disfruta una atmósfera como esa, ni siquiera los niños que quieren diversión. Las discusiones en grupo en una clase de adultos que tienen un enfoque poco claro, puede llevar el tema "por las ramas" y el maestro quedará con la idea de que perdió tiempo valioso. La creatividad no es equivalente de falta de estructura. La creatividad no debe ser pavorosa. Al contrario, puede aportar un nivel de complacencia en su clase que tal vez nunca ha experimentado.

## Razones

Un maestro creativo va más allá de lo rutinario y de lo que se espera; enciende la chispa del interés en los alumnos y procura que las historias de la Biblia cobren vida. Todos hemos soportado la enseñanza monótona y tediosa. En momentos como esos escuchamos con los ojos, la mente divaga mientras el maestro presenta paso a paso el material de la lección, totalmente ajeno a la falta de interés de los alumnos. Algunos maestros tienen la falsa noción de que la meta de la clase es presentar todo el material de la lección. Pero la escuela dominical no debe ser así. Nuestra meta debe ser enseñar de manera que nuestros alumnos sientan más hambre de las cosas de Dios y que sean transformados por la renovación de la mente (Romanos 12:2).

Una buena clase no debe ser como una calle con tránsito en una sola dirección. Debe haber un intercambio de ideas entre el alumno y el maestro. Toda lección de la escuela dominical debe contemplar un tiempo para preguntas y respuestas. Se debe dejar tiempo para actividades que refuercen conceptos y promuevan una mayor comprensión. Necesitamos desafiar a nuestros alumnos y estimular la participación de ellos en el proceso de aprendizaje. La manera en que lo hagamos, obviamente, dependerá de la edad y el nivel de madurez de los alumnos.

# Responsabilidades

La creatividad en el salón de clase se compone de una serie de elementos. A continuación comentaremos algunos de los más importantes.

## Dios de orden y de la creatividad

El orden y la creatividad no son incompatibles. La creación claramente ilustra que el Creador es un Dios de orden—y creativo. La obra de sus manos testifica de su orden y poder creativo, y también de su majestad. David lo expresa con hermosas palabras: "Los cielos cuentan la gloria de Dios, el firmamento proclama la obra de sus manos" (Salmo 19:1, NVI). Pero nuestro Padre celestial no solo se preocupa de los detalles de nuestra vida, también se preocupa del panorama en general. Jesús dijo que Él sabe cuántos cabellos tenemos (Mateo 10:30).

Nos debe consolar saber que Dios se preocupa de nosotros como individuos, que está llevando a cabo su plan a través de nosotros. "Porque yo sé muy bien los planes que tengo para ustedes —afirma el Señor—, planes de bienestar y no de calamidad, a fin de darles un futuro y una esperanza" (Jeremías 29:11, NVI). Esta es la confianza que cada maestro de escuela dominical necesita tener cuando cada semana entra al salón de clase. Y esta es una de las verdades que debemos comunicar a nuestros alumnos que vienen a aprender más acerca del carácter de nuestro Dios.

Dios está con nosotros cuando trabajamos para Él. No se nos ha llamado a trabajar con solo nuestra fuerza. Como maestros, debemos estar convencidos de que Dios quiere que tengamos buen éxito en la misión que Él nos ha encomendado. Después debemos apoyarnos en Él para que obre en nosotros y a través de nuestra vida. Junto con la tarea, Dios ha prometido darnos la fuerza y los recursos que necesitamos para cumplirla. Filipenses 4:19 nos asegura que Dios suplirá todo lo que necesitamos. Primera de Tesalonicenses 5:24 nos anima con las siguientes palabras: "Fiel es el que os llama, el cual también lo hará". Necesitamos recordar constantemente estas promesas, porque estamos en una lucha espiritual.

## Obstáculos a la creatividad

Los maestros son susceptibles al desánimo y la duda. Aun un alto porcentaje de maestros de las escuelas públicas se desaniman y dejan la profesión. Las autoridades calculan que alrededor de 40% de los nuevos maestros abandonan la profesión durante los primeros 5 años de ejercicio;[1] lo hacen, después de años de estudio y de inversión financiera.

Muchas veces los miembros de la iglesia no se atreven a enseñar porque creen que no están preparados, especialmente cuando se habla de métodos de enseñanza. Se preocupan de atraer la atención de los alumnos y de presentar bien la lección. Pero este no debe ser obstáculo si se entiende el valor de la enseñanza creativa y si se está dispuesto a aprender nuevos métodos de enseñanza.

Cuando hablamos de creatividad, tal vez pensamos en palabras como: "imaginación", "originalidad", "espontaneidad", "talento", "inventiva". Aunque usted tal vez no se identifique con ninguna de esas palabras, todos nacimos con una cierta medida de creatividad. Lamentablemente, las experiencias de la vida pueden inhibirla y hacernos dudar de nuestras habilidades. En consecuencia, muchos adultos afirman que "no son muy creativos". Generalmente nos comparamos con los demás y tendemos a limitar la creatividad a las expresiones más obvias del talento creativo, como las artes plásticas o la música. La creatividad, sin embargo, no está limitada a estas áreas. Por ejemplo, ¿puede usted ser flexible en lo que piensa? ¿Cómo resuelve sus problemas (soluciones "creativas")? ¿Planea detalladamente las actividades o disfruta las nuevas ideas?

Las personas creativas tienen muchas maneras de expresar su talento: manos hábiles, buenas ideas, soluciones novedosas, y el uso de los limitados recursos. Una caja de cartón puede convertirse en un teatro de títeres; la camioneta de una iglesia, en el lugar de reunión de una escuela dominical en la calle; y un campo abierto, en un lugar para una comida campestre, una cancha para jugar pelota, o un paseo para andar en bicicleta. No permita que los recursos determinen su efectividad. Los límites que ponemos a nuestros recursos obstaculizan las posibilidades. Si Jesús pudo usar la merienda de un niño para alimentar a cinco mil, seguramente Dios también puede multiplicar nuestros recursos.

Sin embargo, no importa cuán importante sea la creatividad, no podemos confiar sólo en nuestro talento para el buen éxito en la enseñanza. Dios quiere que desarrollemos y que usemos los talentos, pero también espera que dependamos de su Espíritu para el resultado.

## ¿Qué tienes en la mano?

Cuando Dios dijo a Moisés que guiara a los israelitas, Él le hizo una pregunta simple pero importante: "¿Qué tienes en la mano?" (Éxodo 4:2) Extraordinario, ¿verdad? La misma vara que Moisés había usado para apacentar las ovejas en el desierto, Dios usaría para liberar a su pueblo. Dios usó la vara de un pastor en la mano de un fiel siervo para mostrar su milagroso poder.

¿Qué tiene usted en la mano? ¿Qué recursos y habilidades quiere poner al servicio de Dios para que Él cumpla su propósito? Haga una pausa y dedique a Dios su talento, su tiempo, sus recursos. Usted se sorprenderá de lo que Dios le mostrará y cómo Él usara lo que usted tiene a su alcance.

# Preparación

Podemos identificar a la gente creativa por la manera de pensar y cómo enfocan los problemas. Están abiertos a las nuevas ideas y al pensamiento divergente, la mentalidad que "sale de los márgenes establecidos". Estas personas por lo general entienden que hay más que una manera de resolver un problema, o presentar una verdad. En las Escrituras encontramos algunos ejemplos.

En el Antiguo Testamento, el Espíritu Santo habló a su pueblo de diversas maneras: desde la zarza ardiente, en tablas de piedra, desde el torbellino. Él habló a través de valientes profetas, mediante sueños y visiones, y durante el sueño de un niño (1 Samuel 3:1-10). Dios no se limitó a solo un método para comunicarse con su pueblo. Nosotros tampoco debemos hacerlo.

Aunque Cristo empleó algunos métodos propios de la cultura judía, en ciertas ocasiones usó métodos poco comunes y asombrosos: la limpieza del templo, andar sobre el agua, maldecir una higuera. Sus métodos llenaron de ira a los líderes religiosos, que continuamente cuestionaban su motivación y su autoridad. La interpretación extremista de la Ley, inmisericorde y despiadada, los había enceguecido. Así que Jesús, a veces literalmente, tuvo que ir más allá de la limitada mentalidad de ellos; en vez de pasar lejos de Samaria, esa fue la ruta que tomó para alcanzar a un pueblo odiado y menospreciado. Sus métodos de sanidad eran igualmente sorprendentes: usó lodo para sanar a un ciego, tocó leprosos, y dijo a un hombre inválido que se levantara y que tomara su cama. Cuando fue necesario, Jesús traspasó las barreras tradicionales para ministrar y para enseñar.

Hay otros ejemplos bíblicos que también nos desafían y nos hacen pensar en las diversas maneras en que Dios puede usar a sus hijos para hacer su voluntad. Pensemos en Moisés, Gedeón, y Nehemías. Todos fueron instrumentos de Dios para alcanzar grandes cosas que tal vez no habrían hecho con sus habilidades naturales. Dios se complace en usar gente ordinaria para hacer proezas. Confíe en que Dios hará grandes cosas a través de su vida, así como lo hizo antaño. Estas cosas pueden ocurrir conforme usted dedique tiempo a Dios y deje que el Espíritu Santo obre a través de su vida y de la enseñanza. El toque de

Dios es el que cambia las cosas.

Podemos prepararnos para enseñar con la confianza de que Dios nos usará a pesar del tiempo limitado, los escasos recursos, o nuestra falta de habilidad. Podemos confiar en que el Espíritu Santo nos guiará en nuestra oración y en nuestros planes. Los siguientes pasos lo ayudarán a planear con propósito y creatividad.

## Prepare su lección

Cuando se prepare para enseñar, considere la edad, los intereses, y la madurez espiritual de los alumnos. Las personas responden a los maestros que están familiarizados con la etapa de la vida en que ellas están y que comprenden los problemas que enfrentan. También responden a los maestros que con entusiasmo enseñan y sirven al Señor.

Para ser efectivo, un maestro debe familiarizarse con los nuevos métodos de enseñanza para su nivel de edad, además de los métodos que se usan normalmente. Los estudios recientes del aprendizaje y de la inteligencia, por ejemplo, ofrecen nuevas luces acerca del proceso de aprendizaje. Los expertos han identificado ocho categorías de inteligencia y estilos de aprendizaje.[2] Es posible que los estudios futuros revelen otras categorías.

Los ocho tipos de inteligencia (para los que hay coeficiente de inteligencia) son: lingüística, matemática, espacial, musical, cinética, intrapersonal, interpersonal, y naturalista. Estos nuevos hallazgos pueden ayudarnos a planear lecciones que incluyan estilos de aprendizaje que beneficien a un mayor número de alumnos. Más abajo encontrará algunas claves que lo ayudarán a identificar el estilo de aprendizaje de sus alumnos.[3]

Lingüístico—disfruta la lectura, escribe, narra historias; es bueno para deletrear, memoriza con facilidad

Matemático—Le gustan los rompecabezas, las computadoras; percibe patrones; piensa de manera lógica.

Espacial—piensa en soluciones; le gusta dibujar, armar, diseñar, crear; le gustan los mapas y los gráficos; tiene buen sentido de la orientación.

Musical—recuerda melodías; se mueve al ritmo de la música; compone música.

Cinético—imita movimientos de otras personas; habilidades atléticas; diestro en el uso de herramientas.

Intrapersonal—sueña con los ojos abiertos; prefiere trabajar solo; identifica sentimientos.

Interpersonal—entiende los sentimientos de otros; disfruta los proyectos en grupo, le gusta trabajar con otras personas; se ofrece como voluntario.

Naturalista—conoce el nombre de las estrellas y de los planetas; le gusta observar a los pájaros; es sensible al medio o ambiente.

Algunos maestros tal vez dicen que no tienen tiempo para aprender nuevos métodos de enseñanza, estilos de aprendizaje, o características de las diversas edades. Pero el aprendizaje de nuevos métodos no debe ser una tarea abrumadora. El simple uso de la variedad en la enseñanza hará que sus alumnos participen en actividades preparadas para diversos estilos de aprendizaje en su clase.

Una manera de comenzar es simplemente incorporar visuales y materiales para actividades manuales. Los niños pueden participar en canciones con movimientos al tiempo que disfrutan las melodías de adoración y alabanza a Dios. Las actividades para pequeños grupos ayuda a los que aprenden con más facilidad a través del diálogo y de la interacción social. Clases pequeñas y numerosas se pueden beneficiar del uso de medios audiovisuales. Estos pueden incluir presentaciones en PowerPoint o videos educativos. Lecciones gráficas, títeres, historias, esculturas con globos, y malabarismos son atractivas maneras de enseñar a los más pequeños. Usted no necesita ser artista para usar efectivamente estos métodos. Comience solo con lo que tiene, y progrese. Considere siempre la posibilidad de aprender nuevos métodos, después elija el que más se acomoda a sus posibilidades y a los alumnos que enseña.

Recuerde su responsabilidad principal como maestro de escuela dominical: ayudar a sus alumnos a crecer en el amor a Dios y su Palabra, y enseñarles la sana doctrina que los ayudará a andar en la senda recta (2 Timoteo 4:1-3). Hay muchos métodos para enseñar y captar el interés de los alumnos, pero el mejor es el que usted puede usar con comodidad y que satisface las necesidades de ellos. Dios le proveerá las herramientas y el entrenamiento que necesite para ministrar a la clase que Él mismo le ha dado.

## Prepare un ambiente creativo

"El interés precede al aprendizaje" ha sido el principio esencial que por años ha influido en los maestros. El concepto es básico, no obstante demuestra que para enseñar bien el maestro necesita buscar maneras de captar el interés de los alumnos.

Los estudios revelan que los alumnos responden a maestros que son positivos, entusiastas, y tienen altas expectativas.[4] Estos son elementos clave en un salón de clase dinámico. El maestro es responsable de crear un ambiente de aprendizaje, interesante y dinámico, un lugar al que las personas de toda edad se sientan atraídos y en el que desarrollen amistades en torno al estudio de la palabra de Dios.

En la escuela dominical debemos interesarnos más que en la simple información. Nuestra meta debe ser enseñar para que las vidas cambien. Por lo tanto, debemos considerar las necesidades de la persona integral: necesidades físicas, mentales, emocionales, sociales, y espirituales. Al niño que tiene hambre, por ejemplo, le costará más concentrarse. Los adolescentes que enfrentan crisis emocionales probablemente no tendrán motivación para aprender. Los adultos que lleguen a la escuela dominical después de una ardua semana tal vez se sientan agotados. Alimente al niño. Atienda al adolescente. Refresque al adulto. El maestro que reconoce la importancia de satisfacer las necesidades emocionales y sociales proveerá oportunidades para que los alumnos tengan comunión en el salón de clase.

Tal maestro sabe además que el espacio físico puede también contribuir a la enseñanza o ser un elemento de distracción. A todos nos gustan los espacios limpios, ordenados, y alegres. Es una buena costumbre que todas las semanas el maestro llegue unos minutos antes para asegurarse de que todo esté listo para recibir a los alumnos. Los niños, por ejemplo, necesitan espacio para moverse y para actividades de aprendizaje que dirijan la atención al tema de la historia bíblica. Al atender a estas áreas se comunica un mensaje positivo y se da al maestro la libertad de usar de la mejor manera el limitado tiempo de la enseñanza.

El maestro aplicado desarrollará la clase al nivel de los alumnos, tendrá la precaución de planear lecciones que no sean demasiado básicas o redundantes; pero procurará también que estén al nivel de comprensión de los alumnos. Esos son los desafíos de un salón de clase creativo.

# Presentación

Al planear su presentación piense en términos panorámicos. Determine dónde ha estado y a dónde quiere llevar a sus alumnos. Piense en un objetivo que ayude a sus alumnos en su crecimiento espiritual. Escriba el objetivo y planee las clases en torno a él. Esta será la verdad que sus alumnos aprenderán y recordarán. Pida dirección a Dios e ideas de cómo desglosar los principios espirituales que debe enseñar en segmentos que sus alumnos puedan digerir con más facilidad. Por último, evalúe la respuesta y la participación de sus alumnos.

## Métodos

Esta sección lo ayudará a determinar lo que debe recordar cuando busque maneras creativas de presentar el material. Use los materiales apropiados para la edad que enseña. La mayoría de los niños responden en forma espontánea y fácilmente participan en actividades de grupo. Por otra parte, la mayoría de los adultos vacilan ante los cambios, a menos que estén preparados para enfrentarlos. Algunos adultos, por ejemplo, testificarán voluntariamente, pero la mayoría participará sólo si se les da oportunidad de organizar lo que dirán. Prepare a su clase para los cambios o las actividades especiales, sobre todo en el caso de los adolescentes y de los adultos. La preparación los hará sentirse más confiados y preparados para participar.

Recuerde: cuanto más joven, tanto más importante es que todos los sentidos participen en el proceso de aprendizaje. Las ayudas visuales, obviamente, pueden ser útiles para cualquier edad. Asegúrese de que en vez de distraer, estas contribuyan al mensaje. Las personas de toda edad pueden sentirse atraídos por una gran presentación; pero, si no se presenta adecuadamente, se puede pasar por alto el propósito detrás de ella. En todo tiempo tenga en mente su mensaje y su objetivo.

Los métodos de enseñanza efectivos no tienen que ser caros ni complicados. Materiales sencillos pueden ilustrar grandes verdades. Las lecciones prácticas son un buen ejemplo de cómo con materiales básicos se puede enseñar una verdad que se recordará por mucho tiempo.

En el libro *Almost Everything I Need to Know About God I Learned in Sunday School* [*En la escuela dominical aprendí casi todo los que necesitaba saber acerca de Dios*], Roberto Parsons refiere la historia de un maestro de escuela dominical que dejó una impresión indeleble en sus alumnos.[5] El maestro pidió a los padres de los niños del segundo grado que ayudarán a sus hijos en la lección del siguiente domingo. Cada alumno debía traer una merienda a la clase en vez de almorzar en casa con la familia.

El domingo en la mañana los niños llegaron con la merienda y pronto comenzaron a preguntar cuándo podían comer. Cada vez se les dijo que todavía no. Quince minutos antes de finalizar la clase, el maestro preguntó: "¿Qué sucedería si les digo que regalen su merienda?" Los niños se quedaron sin habla. El maestro atrajo la atención de ellos. Después de que les dio permiso para comer, les contó la historia de Jesús cuando alimentó a los cinco mil. Ahora los niños se podían identificar con un niño del tiempo de la Biblia que regaló su almuerzo para ayudar a alimentar una multitud. Este hecho histórico ilustra cómo un maestro creativo hizo que la historia cobrara vida en el corazón de los jóvenes alumnos.

Una lección gráfica clásica muestra la importancia de tener buena relación con las personas. Los únicos materiales que se necesitan son siete varillas y un trozo de cordel o soga.

> Un campesino tenía siete hijos. Él se sentía muy satisfecho de ellos, y esperaba verlos un día convertidos en adultos. Una de las cosas que más anhelaba era verlos crecer en la relación entre ellos. Cuando sea anciano —pensaba el hombre—, me sentiré feliz porque mis hijos y la familia de cada uno se ayudarán. Pero los hijos crecieron y el campesino se entristeció. No obstante todas las bendiciones, había algo que el hombre no tenía. Por supuesto,

tenía una cariñosa esposa, madre de sus siete hijos, y una próspera hacienda. Pero sus hijos lo hacían sentir triste; estaban siempre uno contra el otro. Se levantaban discutiendo, y así pasaban el resto del día. Parecía que siempre había un conflicto o una discordia entre ellos. El sueño de los hijos como mejores amigos se desvanecía porque estos no tenían una buena relación.

Un día el hombre tuvo una idea. Dijo a sus hijos que había algo importante que quería comunicarles. Uno por uno los llamó, del menor al mayor. Sobre la mesa tenía unas cuantas varillas atadas con un cordel. —Si quiebras estas varillas, te daré uno de los potrillos que nacerá en la primavera —dijo a su hijo menor y después dejó que intentara quebrar las varillas. Pero por mucho que trató, no pudo quebrarlas. El campesino llamó al siguiente hijo, quien también trató de hacer lo que el padre le indicó. Así, el campesino llamó a cada uno de sus hijos y les ofreció un premio si quebraban las varillas. Ni siquiera el más fuerte de sus hijos pudo quebrarlas. *(Si usted enseña a un grupo de niños, permítales que hagan la prueba de quebrar unas cuantas varillas.)*

Finalmente, los llamó a todos. Les dijo cuan triste estaba de que los hijos que amaba no pudieran ser amigos. —Hijos, ninguno pudo romper estas varillas, y les diré por qué —dijo el padre—: estas varillas, las siete, están atadas juntas. Cuando las varillas están juntas, atadas con este cordel que representa el amor y la amistad, nadie las puede quebrar. Así también, una familia que está unida no puede ser destruida. No hay enemigo que tenga fuerza para quebrarla. La única manera de quebrar las varillas es una por una, cuando las separamos. Es la manera más fácil de hacerlo. *(Haga una demostración y quiebre una de las varillas.)* Como ven, mis hijos, si no estamos unidos, un enemigo puede quebrarnos uno por uno y destruir la familia. Pero cuando estamos juntos, somos demasiado fuertes para nuestro enemigo.

Los hijos entendieron lo que el afligido padre quería comunicarles. Desde ese día decidieron estar unidos, en los buenos tiempos y también en los malos. Se perdonaron y se trataron con amor. Volvieron a ser amigos. Así también, Dios quiere que nuestra familia sea fuerte, que nuestra iglesia sea fuerte, y que nuestras amistades sean fuertes. En la unión está la fuerza.

Esta es una sencilla lección gráfica que ilustra una gran verdad. También presenta una situación que independientemente de su edad todos los alumnos pueden entender.

También puede captar la atención de los alumnos con el uso de los últimos medios tecnológicos y la ayuda de alguien que sepa usarlos. Lo que antes requería horas de preparación, hoy puede hacerse en cosa de minutos. Familiarícese con las posibilidades que ofrece un computador y las diversas formas de medios de comunicación. Visite las tiendas de arte y trabajo manual para estimular la creatividad e informarse de las novedades.

## Organización

Como ya se afirmó, la creatividad y la organización son compatibles y necesarias. Usted necesitará habilidad para planear y organizar especialmente cuando use material creativo con los niños. Para evitar confusión y controlar la intensidad del ruido, antes de una actividad de aprendizaje defina una pauta y reúna todos los materiales que necesitará. Pida a otros maestros que lo ayuden a organizar las actividades y con antelación asigne responsabilidades específicas.

Los niños más pequeños deben participar en las actividades de limpieza. Los niños aprenden cuando se les asignan responsabilidades; se debe evitar hacer cosas que ellos mismos pueden realizar. Para ellos es un placer participar. Ellos se sienten seguros cuando se les da oportunidad de aprender por hacer.

No limite el uso de ayudantes y de la enseñanza en equipo a los niveles menores. Los jóvenes y los adultos también aprenden de personas que tienen habilidades técnicas y para la organización, y de los que tienen un don para la hospitalidad. La participación de personas que estén dispuestas a ayudar con su talento aumentará la participación y el nivel de interés de su clase. Cuando las personas tienen oportunidad de usar sus habilidades las ayudamos a desarrollar sus dones.

La organización hace posible la flexibilidad. Los maestros creativos son flexibles. Están alertas a las oportunidades especiales y a los momentos propicios para la enseñanza. Saben reconocer cuándo deben dejar de enseñar para orar por una necesidad especial o para aprovechar un asunto de la vida diaria. Los maestros creativos no se sienten atados a un horario que los hace perder los aspectos más gratificantes de la enseñanza, como conocer individualmente a los alumnos, dedicar tiempo a la explicación de algún concepto importante, o hablar de lo que Dios ha hecho en su vida. Sea flexible dentro de la estructura que planee, y siempre considere que el Espíritu Santo puede cambiar sus planes.

# Expectativas

¿Qué puede esperar si se ha esforzado para tener una atmósfera creativa en el salón de clase? Cada semana se parará frente a alumnos que quieren estar en el salón de clase. Sus alumnos crecerán mentalmente, se fortalecerán espiritualmente, y profundizarán el conocimiento de la Palabra. ¡Cuán inspirador para los alumnos tener un maestro de escuela dominical que con entusiasmo comunica lo que hay en su corazón y es creativo y pertinente en la enseñanza!

Los alumnos responden al entusiasmo del maestro. Los más pequeños no tendrán reservas en hablar a todos acerca de sus tesoros, los adolescentes no querrán salir del salón de clase, los adultos sentirán confianza para pedir oración por alguna necesidad familiar. La enseñanza es más gratificante cuando nos aventuramos más allá de la obligación a las posibilidades creativas que Dios tiene reservadas para los maestros.

# Evaluación

1. ¿Qué desafíos enfrenta cuando procura ser creativo en el salón de clase?
2. ¿De qué manera estimuló su creatividad este capítulo?
3. ¿De qué forma la comprensión de los diversos estilos de aprendizaje lo ayuda en su meta de enseñar con creatividad?
4. ¿Qué métodos normalmente emplea y qué métodos quiere probar en el futuro?
5. ¿A quién puede pedir ayuda para desarrollar sus habilidades creativas?

[1]Harry K. y Rosemary Tripi Wong, *The First Days of School; How To Be an Effective Teacher [Los primeros días de escuela: cómo ser un maestro efectivo]* (Sunnyvale, Calif.: Harry K. Wong Publications, 1991), v.

[2]D.R. Cruickshank, D.L. Bainer, K.K. Metclaf, *The Act of Teaching [El acto de la enseñanza]* (St. Louis, Mo.: McGraw Hill, 1999), 323.

[3]*Guideposts for Kids* (mayo/junio 2001), 6-8.

[4]D.R. Cruickshank, D.L. Bainer, K.K. Metclaf, *The Act of Teaching [El acto de la enseñanza]*, 42.

[5]Rob Parsons, *Almost Everything I Need to Know About God I Learned in Sunday School [En la escuela dominical aprendí casi todo lo que necesitaba saber acerca de Dios]* (Nashville, Ten.: Thomas Nelson, 1999) 66–7.

## La enseñanza que deja una viva impresión

# Relaciona las creencias con la conducta

Por
Carey Huffman

El discipulado es lo que hace que lo que creemos en el corazón se haga evidente en nuestra vida diaria.

—Eugenio Peterson

¿Cómo podía ocurrir algo así? Tal vez la consecuencia mental de tres años de vida universitaria y los inminentes exámenes de la mitad del período ya cobraban sus víctimas, llenaban cada espacio de su mente, e impedían la más leve recolección. Pero siempre había tenido buena memoria. Cierto, su mente parecía tener más facilidad para recordar conceptos y hechos, información y detalles, que los aspectos sentimentales y personales de la vida. Pero se estaba preparando para una vida completamente consagrada al ministerio, y parecía que el interés por las personas debía producir más que una simple impresión en su memoria.

Además, esta situación era diferente. No había excusa. Por casi un año ellos habían sido amigos. Todo ese tiempo había ensayado muchas maneras de pedirle que salieran juntos. No era el recuerdo de otras relaciones lo que nublaba su mente. Todos habrían entendido y aun se hubieran disculpado si hubiese pasado por alto la fecha del cumpleaños de ella o aun la segunda cita. Pero esto era mucho más serio, estaba dispuesto a poner punto final a una larga relación y de la que se esperaba mucho. Después de haber salido sólo una noche con ella, ocurrió lo que nunca hubiera imaginado: había olvidado la forma de su rostro.

Cierto, la habría reconocido al atravesar la puerta (recordaba dónde vivía). En ese momento, sin embargo, la imagen de ella se había esfumado de su mente. Recordaba otros aspectos de su personalidad y los intereses de ella: tocaba el piano, enseñaba en la escuela dominical, y le gustaba la pizza. Sin embargo, no podía conectar esos recuerdos con algo físico. Él sabía que ella tenía cabello largo y oscuro—por un momento hasta le pareció oír su voz—pero no recordaba su rostro. ¡Qué experiencia tan extraña! Estaba acostado en la cama superior, mirando el techo y tratando de practicar un juego de la infancia: dibujar en las quebraduras de los azulejos el perfil de las personas, el perfil de ella, pero nada.

Repentinamente, una chispa de esperanza se encendió. No era nada en la habitación, sino en su mente. Era algo relacionado con la apariencia de ella que sí podía recordar. Tal vez antes de la segunda cita se recuperaría de esa laguna mental, gracias a esos enormes y llamativos aretes que ella casi siempre usaba. Estos se convertirían en el faro que lo sacaría de esa niebla mental. Por alguna extraña razón, los grandes triángulos color turquesa quedaron grabados en su mente. Vagamente recordaba las orejas de donde pendían, el cabello, los ojos, el rostro; poco a poco la imagen estuvo completa. La cita todavía estaba en pie.

Con todo, esta vergonzosa secuencia de eventos probablemente justifique el hecho de que la segunda cita fuera la última. Con toda justicia, esa noche tuvieron una agradable velada (obviamente, ella nunca supo acerca del olvido de su compañero), si bien nunca hubo una ruptura formal. No parecía apropiado seguir adelante con la relación. La facilidad con que olvidaba hizo obvio que había poco interés, que la relación no tenía mucha importancia para él.

Santiago 1:23,24 afirma que "el que escucha la palabra pero no la pone en práctica es como el que se mira el rostro en un espejo y, después de mirarse, se va y se olvida enseguida de cómo es" (NVI).

Ocasionalmente, todos olvidamos un rostro, pero sería absurdo que olvidáramos el nuestro. No obstante eso es lo que ocurre con nosotros cuando descuidamos obedecer la palabra de Dios después de haber oído o leído sus enseñanzas. La Palabra nos da una vislumbre de nuestra condición, de nuestras tendencias, vulnerabilidades, motivaciones, aun de nuestro potencial en Cristo. Pero si nos alejamos de ella, que es como un espejo, y no obedecemos su consejo, la verdad no tendrá efecto alguno en nuestra vida. El único resultado que veremos en el futuro será el encallecimiento de nuestros sentidos al poder renovador y transformador de la palabra de Dios.

"Pero quien se fija atentamente en la ley perfecta que da libertad, y persevera en ella, no olvidando lo que ha oído sino haciéndolo, recibirá bendición al practicarla" (Santiago 1:25, NVI).

¿**C**uál es la razón de que los cien millones de miembros de iglesia en nuestro país no ejerzamos una influencia mayor en el clima moral y espiritual de nuestra sociedad?

Si hubiera una "lista de 10 razones" de que la gente rechace la fe en Cristo, la primera excusa sería probablemente la siguiente: "Conozco a alguien que supuestamente es cristiano y.... ¡los cristianos son hipócritas!" Una de las objeciones más comunes de la fe no es la enseñanza de Cristo, sino la conducta de su pueblo; quienes profesan el cristianismo pero que no viven una vida consecuente. La gente rechaza a Cristo porque no ve su reflejo en quienes confiesan su nombre.

¿Necesitamos una razón más poderosa para elevar la norma de la auténtica conducta cristiana con el fin desafiar a nuestros alumnos y equiparlos para que practiquen lo que profesan, y que relacionen la fe con la conducta?

## Razones

Mi hija de cuatro años siempre está repitiendo versículos que memoriza. Sin embargo, una cosa es recitar "todo lo puedo en Cristo", y otra enfrentar el momento de tinieblas. Ella aún recuerda las palabras "hijos, obedeced a vuestros padres" en el mismo momento en que pasa por alto mi instrucción. Tal vez una conducta como esta es comprensible en los niños más pequeños. Pero también este divorcio de la fe y de la experiencia se está filtrando a través de la sociedad. Muchas personas en nuestros días, aun en la iglesia, no consideran un grave problema cuando el principio no concuerda con la práctica y las decisiones espirituales no afectan las demostraciones específicas. Es posible que una persona tenga creencias pero no una fe verdadera.

El cristianismo en vez de ser un estilo de vida, se convierte sólo en una tajada del pastel de la vida. Cristo está limitado a su pequeña porción sin posibilidad de tocar las demás áreas de la vida. Ron Hutchcraft define esta situación como "la compartimentación del cristianismo": el concepto moderno de un discípulo de Cristo. Asistimos regularmente a la iglesia y visitamos nuestra "tajada de Cristo"—cantamos, nos emocionamos, confirmamos lo que creemos—después salimos para vivir las demás tajadas de la vida según nuestro gusto.[1] Como maestro, usted debe proponerse establecer una relación entre el aprendizaje para la vida, desafiar y equipar a los alumnos con un cristianismo que sazone cada aspecto de la vida. Si la verdad de la Biblia no pasa de la cabeza al corazón, y finalmente del corazón "a las manos", habrá ciertas consecuencias que no podremos evitar.

## Los hechos fríos y difícil de aceptar

El conformismo espiritual, y la insensibilidad a la palabra de Dios es resultado inevitable del conocimiento de las Escrituras que no se ha aplicado a la vida diaria. La falta de apetito espiritual generalmente es el resultado de una fe débil y que necesita ejercicio.

### *La verdad no se aprende hasta que se vive*

Ni siquiera la comprensión espiritual más profunda transformará una vida. El verdadero crecimiento se produce solo cuando el conocimiento bíblico se aplica a la vida. La riqueza de conocimiento que tiene el estudiante de medicina no lo convierte en cirujano. El aspirante a piloto tal vez tiene dominio del simulador de vuelos pero eso no quiere decir que esté preparado para pilotar un avión de pasajeros a lo largo y ancho del país. Santiago 1:22 dice: "No se contenten sólo con escuchar la palabra, pues así se engañan ustedes mismos. Llévenla a la práctica"(NVI). La Palabra no debe ser sólo una fuente de información, sino una fuente de transformación. También podemos afirmar que la parte de la Biblia que creemos es la que realmente *practicamos*.

### *La fe se refleja en la acción*

La fe no es un concepto pasivo, ni un deporte de masas. La fe debe ser activa y vibrante. Cuando se confunde la acumulación de conocimiento bíblico con el crecimiento espiritual, fácilmente caemos en el error de avanzar sin la intención de poner la Palabra en acción. Nos acostumbramos a la fe sin evidencias de poder, el corazón se endurece al punto de que no vemos activas en la realidad las verdades que transforman vidas. Santiago nos recuerda que "la fe por sí sola, si no tiene obras está muerta" (Santiago 2:17, NVI). Acerca de la persona que se siente satisfecha consigo misma y que procede como si sólo creer fuera suficiente, Santiago advierte que "también los demonios...creen y tiemblan". También hace referencia de Abraham y Rajab (o Rahab) y agrega que "la fe sin obras es estéril" (vv. 19,20). Aunque humanamente pondríamos a cada uno en el lado opuesto de la balanza, al hablar de la fe Abraham y Rajab estaban en el mismo lado porque "su fe y sus obras actuaban conjuntamente" (v. 22). Si no aplicamos la fe en las diversas situaciones de la vida, nunca creceremos en nuestra relación con Cristo. ¿Debe Dios revelar más de sí mismo a quienes hacen muy poco con el conocimiento que ya tienen?

## Deficiencias espirituales

Una fe anémica, que carece de vitalidad espiritual y resistencia, es sintomática de graves males espirituales que afectan al individuo, a la iglesia, y al mundo y también susceptible de ser afectada por ellos.

### *"Señorío" limitado*

Jesús preguntó: "¿Por qué me llamáis, Señor, Señor, y no hacéis lo que yo os digo?" (Lucas 6:46) Nuestra relación con Cristo no se puede limitar a unos cuantos aspectos de la vida—debe incluirlos todos—ese es el verdadero señorío.

### Las partes que faltan

Cuando los creyentes no aplican su fe a la madurez espiritual, el cuerpo de Cristo se desnutre, sufre la consecuencia del subdesarrollo. Congregaciones son afectadas porque tienen que ocuparse de bebés espirituales de toda edad. El apóstol Pablo nos desafía a crecer "hasta que todos lleguemos a la unidad de la fe y del conocimiento del Hijo de Dios, a un varón perfecto, a la medida de la estatura de la plenitud de Cristo; para que ya no seamos niños fluctuantes, llevados por doquiera de todo viento de doctrina, por estratagema de hombres que para engañar emplean con astucia las artimañas del error" (Efesios 4:13,14).

### Perspectivas distorsionadas

Para bien o para mal, el mundo está pendiente de aquellos que profesan fe en Cristo y a menudo basan su percepción de Dios en lo que ven. Cuando la conducta del cristiano es inconsecuente con las "creencias" que profesa, el mundo verá una empañada imagen de Cristo. En consecuencia, quien no tensa una relación personal con Cristo tiene dos posibilidades: rechazar la fe cristiana por la hipocresía de los cristianos o, peor aun, aceptar la distorsión como una representación precisa y aceptable. El verdadero Cristo no está en el cuadro; nunca se da a conocer su verdadera historia.

# Responsabilidades

Nuestra Gran Comisión no es hacer "creyentes", sino discípulos. Un discípulo es "un aprendiz y un seguidor". Debemos reiterar que las personas no conocerán los caminos de Dios hasta que anden en ellos. Un error común en la iglesia de nuestra nación es que se puede ser cristiano sin ser discípulo. Esta mala percepción pone una gran carga sobre la gran masa de cristianos que no son "discípulos". Van a la iglesia, participan en programas, ofrendan, pero no han hecho un compromiso personal con Cristo. Los líderes de la iglesia llevan la pesada responsabilidad de motivar a personas a hacer lo que no quieren hacer. En una entrevista que se publicó en el boletín *Cutting*

*Edge,* Dallas Willard declara: "Debemos enseñar a las personas a pensar con claridad acerca de lo que significa ser un discípulo—una persona que ha decidido que lo más importante en la vida es aprender cómo hacer la voluntad de Cristo. Un discípulo no es quien tiene todo controlado, o que sabe mucho. Un discípulo es la persona que constantemente verifica lo que debe hacer para mantenerse fiel a su decisión de seguir a Cristo."[2]

El mandato de Cristo presenta un aspecto indispensable del proceso de discipulado: "Id y haced discípulos. . . *enseñándoles* que guarden todas estas cosas" (Mateo 28:19,20, énfasis del autor). El resultado de la instrucción bíblica y práctica debe ser discípulos enteramente preparados.

## Establezca un fundamento del discipulado

La enseñanza no produce discípulos automáticamente; tampoco se puede hacer discípulos sin una base amplia, práctica, y consecuente de enseñanza de la Palabra. Hechos 1:1 menciona "todas las cosas que Jesús comenzó a hacer y a enseñar". En otras palabras, nosotros debemos continuar lo que Jesús empezó. Como personas que hacen discípulos, los maestros deben imitar el ejemplo de Cristo, supremo hacedor de discípulos. Además de apoyarse en el Padre como fuente de dirección y en el Espíritu Santo como fuente de poder, el ministerio de Cristo se caracterizaba por los siguientes requisitos del discipulado efectivo:

### *Relación*

Los llamó para que estuvieran con Él (Marcos 3:13,14). No debemos eludir la naturaleza personal e individual de la tarea de hacer discípulos. Si nuestra meta es moldear la vida espiritual de los estudiantes, las relaciones deben ser corazón de todo lo que hacemos.

### *Pertinencia*

Cristo empleó un lenguaje que ellos podían entender y atendió sus necesidades. No importa cuán importante sea el mensaje, las personas no van a entender si no ven la conexión con la vida de ellos y sus preocupaciones.

### Razón

Jesús fue ejemplo del máximo propósito en la vida: amar a Dios, reflejar su amor a los demás, y propagar el mensaje de perdón y vida eterna en Él (Juan 15:12-17). Así usted, comunique una visión a los alumnos y, generalmente, después se desarrollará la disciplina que se requiere para llevarla a cabo.

### Comisión

Aunque no entendían todas las cosas, Él les dio la oportunidad y los envió con la autoridad de ejercitar la fe y los dones (Lucas 9:2; 10:1-9). Para muchos hoy, la experiencia corrobora la verdad. Si no se ejercita la fe y no se proveen oportunidades de ministerio, pronto imperará un ambiente de fastidio y apatía.[3]

Si consideramos que la enseñanza efectiva es esencial para el verdadero discipulado, su ministerio dentro y fuera del salón de clase debe caracterizarse por los elementos de relación, pertinencia, razón, y comisión que se mencionó anteriormente. La meta de su clase, como parte vital del proceso de discipulado, debe ser animar y facultar al alumno para que viva según lo que aprende, y para que cumpla en su vida el propósito de Dios.

## Sea un ejemplo

Aprendemos mucho más por lo que vemos y hacemos que por lo que escuchamos, estudiamos, o simplemente pensamos. Cuando como el apóstol Pablo, el maestro puede decir: "Sed imitadores de mí, así como yo de Cristo" (1 Corintios 11:1), se establece el patrón del discipulado. Cuando los maestros no practican lo que profesan, la enseñanza pierde credibilidad y autenticidad. La manera en que abrazamos y representamos la verdad determina lo que podemos esperar de los alumnos. A pesar del limitado tiempo que el maestro pasa con los alumnos, nunca subestime la habilidad del carácter y de la conducta para confirmar o para negar lo que presentamos en el salón de clase.

## Prepárelos para servir

Anímese; usted no debe hacer todo. Los líderes de ministerios cumplen su función cuando obedecen el mandato bíblico de "perfeccionar a los santos para la obra del ministerio" (Efesios 4:12) y finalmente delegan a otros algunas tareas de su ministerio. Esto requiere un plan para infundir valores ministeriales, un continuo desafío de que los alumnos encuentren un lugar de participación, y oportunidades de ministerio dentro de la clase y fuera de ella.

## Encomiende alguna tarea

Vivimos en una cultura que es gobernada por la experiencia. Para muchos, la experiencia valida el conocimiento. Estas personas creen y aceptan lo que viven: "pruebe antes de comprar". Aunque la experiencia no es siempre "posible", podemos aprovechar el hecho de que la actividad crea un contexto para el aprendizaje. Los niños más pequeños aprenden por usar las manos, los de edad escolar están siempre dispuestos a aprender a desarrollar nuevas habilidades. Los adolescentes necesitan el sentimiento de realización, mientras que los estudiantes de escuela superior y de universidad generalmente alcanzan un sentimiento de propósito a través de la participación en la comunidad. La mayoría de los adultos quieren participar en algo para dejar una real impresión en la vida de la familia. Los alumnos de toda edad quieren que su vida tenga significado.

## Enséñeles a dar
## testimonio de su fe

La razón de que muchos cristianos teman dar testimonio de su fe no es incredulidad, temor al rechazo, ni vergüenza: simplemente no están seguros de qué decir o cómo responder cuando se presenta una oportunidad. El maestro debe equipar a los alumnos con herramientas que los hagan sentir seguridad de cómo enfrentar y aprovechar tales oportunidades. Obviamente, ellos no necesitan aprobar un curso de evangelismo para dar testimonio del evangelio, pero el asunto requiere más atención de la que le damos. Los estudiantes a todo nivel necesitan preparación bíblica que los equipe para comunicar verdades absolutas en una sociedad moralmente y espiritualmente pluralista.

# Preparación

Aun el propósito más significativo se desmorona si no cuenta con un plan sólido. No basta con saber dónde queremos ir. La dirección y el destino se deben determinar antes de preparar la lección. En este aspecto, la enseñanza es como planear un viaje. La meta—que los alumnos apliquen lo que aprendan—debe definir el enfoque global de la lección con el fin de que estén preparados para aplicar de manera específica y práctica la verdad en las diversas situaciones de la vida.

## El plan para el viaje

### ¿Dónde vamos?

Antes de comenzar, piense en la meta. Cada lección debe tener un objetivo específico y definido, un propósito o tema. Cada aspecto de la lección—punto, actividad, comentario, y ministerio—debe desarrollar el tema y debe señalar acciones específicas. Si su meta es que los alumnos apliquen las enseñanzas, en la lección les debe mostrar qué aplicar y cómo.

### ¿Cómo llegamos a la meta?

Planee el trayecto. Comience con lo familiar, relacione la verdad con situaciones del diario vivir, y a partir de ese punto comience a desarrollar el tema. Prepárese para cruzar puentes y hacer frente a obstáculos—preguntas y dificultades—con el fin de que los alumnos acepten la verdad y decidan según ella.

### ¿Preparó su equipaje?

¿Ha comenzado un viaje con la sensación de que ha olvidado algo? Es posible que cuando llegó a su destino se dio cuenta de que dejó en casa algo de mucha importancia. Piense en cada elemento de la lección y asegúrese de que tiene lo necesario para la presentación, para ilustrar los puntos, para estimular la participación de los alumnos, y aumentar la retención.

### ¿Qué hará durante el viaje?

¿Dónde se detendrá? ¿Qué lugares visitará? ¿De qué hablará? Planee actividades que enriquezcan el viaje y lo hagan inolvidable. Para que sea interesante divida el tiempo, pero no se desvíe y avance paulatinamente a la meta.

## El plan de acción

### ¿Qué hará cuando llegue a la meta?

La extrema preocupación por el viaje, generalmente, impide que la clase llegue a su destino o a la meta. Y si se llega, no hay tiempo de realizar lo que originalmente se planeó. Cuando haga su plan de viaje, considere una ruta específica y el tiempo que necesitará para llegar a su destino. Cuando planee la lección, dedique suficiente tiempo para comentarios, planes, y ejercicios que muestren el efecto de la verdad en la vida práctica. Así como las vacaciones son un tiempo de esparcimiento, el viaje a través de la palabra de Dios debe ser un tiempo refrescante y de alivio de las presiones de la vida. Si después de la clase los alumnos no sienten nuevas fuerzas para enfrentar el mundo, el viaje fue en vano porque no se alcanzó la meta; nos quedamos en el camino.

### No olvide los recuerdos

Los trabajos que los niños llevan al hogar son más que adornos para poner en la puerta del refrigerador. Son una expresión concreta de lo que se ha aprendido. El mismo principio es válido para todas las edades. Así como las fotografías y los pequeños artículos que conservamos son recuerdos de buenos tiempos, cuando sus alumnos llevan algo a casa constantemente recordarán lo que aprendieron. Puede ser un objeto, un ejercicio, una ilustración, o una acción pertinente. Hacer que la lección cobre vida, en gran medida depende de que los alumnos recuerden el desafío y comiencen a hacerle frente.

# Presentación

Un maestro no puede influir en todo lo que los alumnos hacen dentro de la clase o fuera de ella. Aunque aparentemente se aprenden verdades y se toman decisiones, muchos no perseveran en sus buenas intenciones. Sin embargo, el maestro eficaz tomará ciertas medidas para asegurar que los alumnos relacionen verdad y vida. Si usted quiere que su clase tenga un efecto práctico en sus alumnos y los ayude a relacionar lo que creen con lo que hacen, sus lecciones deben seguir las siguientes pautas:

## La lección debe ser pertinente

Sin tener en cuenta la importancia del mensaje, la mayoría no pondrá atención a menos que vean la relación que tiene con la vida de ellos y sus preocupaciones del momento. De la lección se deben extraer conclusiones prácticas y obvias que se puedan aplicar a la vida diaria. Constantemente estudie a sus alumnos, infórmese de sus necesidades y de lo que ocurre en la vida de ellos. Si hace un esfuerzo para relacionarse con sus alumnos, usted obtendrá una mayor respuesta y ganará la atención de ellos.

## La lección debe ser desafiante

Cuando en la lección se discuten temas de controversia, preguntas, y preocupaciones que ya están en la mente de los alumnos, usted los ayudará a ver la importancia de la fe en la vida diaria. Habrá otras situaciones y personas en la vida que desafiarán la fe de ellos. Como amigo, usted debe ayudarlos y desafiarlos primero. Una fe que no ha sido desafiada, no se ha arraigado.

## La lección debe ser inolvidable

Aunque la creatividad es uno de los recursos más valiosos que un maestro puede desarrollar, esta no es un fin en sí misma. Tiene el propósito de causar una impresión única y perdurable. Prepárese; si usted constantemente usa animadas y entretenidas ilustraciones, algunos miembros de la iglesia pensarán que su mensaje es frívolo y sin profundidad espiritual. En este caso, usted, con mucho tacto, puede pedir a los escépticos que refieran dos o tres de los últimos sermones que han escuchado. Probablemente recordarán a grandes rasgos algunos puntos de los sermones. Por otra parte, es posible que algunos de sus alumnos recuerden el tema de varios sermones debido a las ilustraciones que usted empleó. En conclusión, no importa la habilidad del orador, el mensaje no cumple su objetivo si las personas lo olvidan de inmediato. El mensaje no dejará impresión alguna, si el alumno no lo aplica a su vida porque simplemente lo ha olvidado.

Para que sus lecciones sean inolvidables, incorpore algunos de los siguientes métodos: fragmentos de grabaciones de video o de audio, temas de actualidad, anécdotas o dramas, testimonios, ilustraciones, actividades humorísticas, música y ayudas visuales, lecciones prácticas, melodramas espontáneos, y medios audio-visuales y tecnológicos. El uso de estos métodos provee variedad, promueve el interés, y provoca la respuesta del alumno dentro y fuera del salón de clase.

## La lección debe ser interactiva

Si usted quiere que más tarde sus alumnos procedan según la verdad, deje que la comiencen a practicar hoy. Haga que sus alumnos participen; planee la lección para que se empleen todos los sentidos en el aprendizaje. Emplee diversas actividades para comenzar la clase, como situaciones para expresar acuerdo o desacuerdo, representaciones, estudios de caso. Recurra a testimonios o dramas para ilustrar situaciones de la vida. Las ilustraciones interactivas y los ejercicios de aplicación que refuerzan puntos centrales pueden motivar la participación de los alumnos de manera verbal o escrita. Los bosquejos y las hojas de respuesta pueden ayudar a los alumnos a retener las verdades de la lección, aunque nunca vuelvan a leer las notas. Por último, considere la ayuda de los alumnos en la enseñanza. Usted tendrá oportunidad de instruirlos en el discipulado cuando los ayude a preparar su participación en la lección. Recuerde, el discipulado efectivo no solo supone el ministerio a los alumnos, sino, más importante aun, *con* los alumnos y *por* los alumnos. Cuando participan activamente en el proceso, las personas desarrollan mayor interés y poder de retención.

## La lección debe ser específica y práctica

Generalmente cuando hablamos acerca de Dios usamos términos vagos—lo que Él dice o lo que quiere que hagamos—en vez de términos específicos y concretos. Si en cada lección se determina con exactitud lo que los alumnos aprenderán respecto de seguir a Cristo, usted los podrá orientar a situaciones que les darán un sabor real de esa verdad. Ayude a sus alumnos a determinar maneras específicas en que la verdad se aplica a la vida en la escuela, en el hogar, y en el trabajo. Enseñe a sus alumnos el hábito de preguntar a Cristo: "¿Qué quieres que haga hoy con mi vida?"

## La lección debe tener un propósito

Si van a vivir según lo que aprenden en la clase, los alumnos deben ver el propósito de hacerlo. Un atleta no tendría motivación para ejercitar y practicar si no tiene una competencia en que participar. Todos los creyentes hemos sido llamados a la acción. No obstante, a menudo los líderes tardan tanto en dar participación activa en el juego, que cuando lo hacen el jugador ya se siente parte del público. Algunos abandonan el estadio. La mayoría de ellos se sienten atraídos cuando tienen oportunidad de participar y la responsabilidad real de influir en la vida de los demás. Cuando los alumnos pierden la motivación, generalmente se debe a la falta de visión. Cuando se aferran a una visión y a un propósito, habrá motivación y disciplina.

## La lección debe incluir el ministerio personal

La educación cristiana debe considerar el ministerio personal y práctico. Si queremos que las señales acompañen al ministerio de la Palabra, se debe dar tiempo para el ministerio dirigido por el Espíritu y dependiente de Él. Una de las lecciones más importantes es enseñar a orar a nuestros alumnos. La mejor manera de que aprendan es que lo hagan. Muchas veces dedicamos más tiempo a hablar de nuestras preocupaciones que a orar por ellas. Ocasionalmente, divida la clase en pequeños grupos y conceda tiempo para que presenten sus necesidades y oren por ellas. Otra manera novedosa de presentar las necesidades a Dios es que el alumno mencione sus preocupaciones en la oración y que los demás lo apoyen. Antes de finalizar la clase, asegúrese de orar por lo que tiene directa relación con el tema de la lección y la aplicación a la vida.

## La lección debe desarrollar sentido de la responsabilidad

Es difícil estar informado del progreso espiritual de todos los alumnos. Antes de cerrar la sesión, dedique algunos minutos para que los alumnos puedan testificar y hablar de sus experiencias al aplicar las verdades de las lecciones anteriores. Además de reflejar una impresión general del progreso de la clase, se prolonga la vida de los desafíos presentados en la lección anterior. Los alumnos tal vez se sentirán más inspirados a hacer lo que deben si saben que deberán responder por sus actos.

## La lección debe comunicar principios

Si queremos que las creencias y el conocimiento espiritual definan la conducta, los alumnos deben aprender que hay principios que gobiernan la vida. Los principios son pautas o normas predeterminadas que se fundamentan en convicciones claras. Cuando hay principios, las decisiones acerca de actitudes y conductas se harán sólo una vez. Cuando enfrentamos una tentación o algún asunto polémico, ya se ha tomado la decisión. El asunto no se considera impulsivamente o a última hora. Quien debe pensar la respuesta cada vez que enfrenta la misma situación, no ha definido un principio para su vida y, por lo tanto, está más propenso a caer por causa de una decisión descuidada y destructiva, como sucedió con Sansón.

## La lección debe despertar pasión

Cuando repetidas veces Jesús preguntó a Pedro: "¿Me amas?" (Juan 21:15-17), su intención era que Pedro definiera prioridades en su vida. Esta es la misma pregunta que deben responder los verdaderos discípulos de hoy. El poder espiritual y la sensibilidad emanan de una relación de amor con Cristo. Después del arresto de Cristo, los discípulos se dispersaron debido a la amenaza del Sanedrín. Sin embargo, la situación cambió después de la resurrección de Cristo y del derramamiento del Espíritu Santo. Con poder y con pasión, se presentaron ante el Sanedrín, y estas autoridades reconocieron que los discípulos "habían estado con Jesús" (Hechos 4:13). El sentido de la obligación no es la razón de procurar servir a Dios o "vivir de manera recta"; los compromisos que nacen de esta motivación generalmente no son perdurables. Dios quiere que lo sirvamos movidos por la gratitud, que respondamos a su amor con nuestro propio amor por Él, porque ahora tenemos libertad de hacer lo que debemos. Decidimos de esta manera porque tenemos una relación que valoramos más que cualquier cosa; no queremos negociarla por ganancia alguna. Enseñe a sus alumnos que deben vivir y servir movidos por el amor a Cristo; consecuentemente la vida y las prácticas de ellos armonizarán con el plan y el propósito de Dios.

# Expectativas

El propósito de la enseñanza, como herramienta de discipulado, es traducir la fe de los alumnos en acción, las creencias en conducta, dentro y fuera de la iglesia. Donde la lección termina, debe comenzar la práctica de la verdad. En el momento de finalizar una sesión, los adultos deben poder responder la pregunta: "¿Qué hago ahora que conozco esta verdad?" Como maestro efectivo que se compromete a ser ejemplo de los principios que motivan a los alumnos a practicar lo que aprenden, usted puede ayudar a los suyos de la siguiente manera:

## Fomentar la madurez

La meta de toda clase de escuela dominical, pequeño grupo, y ministerio de discipulado, debe ser la madurez de sus miembros. Para alcanzar esa meta, es necesario que en vez de impartir mucho conocimiento el maestro muestre qué hacer y cómo ser. El propósito de Dios para nuestra vida tiene dos aspectos: cambio del carácter (quién soy) y cambio de conducta (qué hago). La evidencia de crecimiento y cambio debe ser más obvia conforme el enfoque cambia de lo que recibimos del ministerio a lo que podemos aportar. Una persona madura que resuelve vivir según el conocimiento de las Escrituras, se comprometerá a honrar a Dios mediante su servicio a los demás, sin reparar en si recibe algo a cambio.

## Encontrar el ministerio

Un ministerio, una iglesia, o una escuela dominical saludable ayuda a sus miembros a identificar sus dones y a expresarlos a través del servicio en el ministerio. Su función como maestro es imperativa, ya que su don y su llamado es ayudar a otros a descubrir, desarrollar, y usar los dones en la iglesia: "a fin de perfeccionar a los santos para la obra del ministerio, para la edificación del cuerpo de Cristo" (Efesios 4:11,12).

Mi hijita siente una especial alegría cuando abre regalos de Navidad—los de ella y los ajenos. La curiosidad de ella me hace pensar que en el cuerpo de Cristo hay muchos regalos que no hemos abierto, que están sin uso, y que hemos pasado por alto; quienes los han recibido tal vez ni siquiera saben que los tienen o no quieren abrirlos delante de los demás. No permita que sus alumnos sean dones o "regalos sin abrir". Su salón de clase debe ser un lugar seguro en que los alumnos puedan recibir y desarrollar los dones de Dios. El pastor Rick Warren ha desarrollado un plan para ayudar a los cristianos a descubrir su posición de mayor efectividad.

### Don espiritual

¿Cuáles son habilidades y talentos naturales? La gente se siente realizada cuando sirve en un área para la que tiene el talento.

### Corazón

¿Cuál es su pasión? ¿Qué le gusta hacer? Generalmente quienes triunfan en lo que hacen son los que disfrutan su trabajo.

### Habilidad

¿Qué puede hacer con cierto grado de perfección? Hay muchos talentos específicos y potenciales ministerios que no se nombran en los pasajes acerca de "los dones espirituales" (Romanos 8; 1 Corintios 12; Efesios 4)—el talento musical, el arte, la indagación—que pueden usarse en diversas creativas maneras. El doctor Stanley Horton afirma: "Sería mejor considerar todas las listas como muestras de los dones y los llamados del Espíritu, muestras de una provisión inagotable."[4]

### Personalidad

¿Cómo influye su individualidad en el servicio? Siéntase satisfecho con lo que Dios le ha dado y desarróllelo. Cuando nuestro servicio refleje la personalidad que Dios nos ha dado, nos sentiremos realizados, satisfechos, y fructíferos.

### Experiencia

¿Cómo aprovechar las experiencias (habilidades y circunstancias) positivas y negativas para ayudar a otros? Dios no desperdicia experiencias, ni siquiera aquellas dolorosas y perturbadoras.[5]

Ninguno de sus alumnos debe sentarse por mucho tiempo en su clase sin saber cuáles son sus dones, sus habilidades, y sus triunfos. La responsabilidad del maestro es mostrar y afirmar las fortalezas a sus alumnos y también a otras personas. Conforme sea necesario, dedique tiempo a cada alumno y explore con ellos las diversas áreas de servicio (algunas que se ofrecen en el salón de clase) y oriéntelo en las oportunidades de entrenamiento práctico y de servicio que ofrece la iglesia. Una vez que conozcan sus dones, y tengan dirección acerca de ellos, la pregunta cambiará de "¿cómo puedo crecer?" a "¿dónde puedo servir?"

Las oportunidades para servir harán que los alumnos se sientan cómodos en el ejercicio de los dones. Piense en los que Dios ha puesto bajo su responsabilidad y desarrolle su ministerio en torno a ellos; busque maneras únicas y significativas de que cada uno sirva según su nivel de madurez y preferencia.

## Cumpla el mandato

El propósito de un discípulo es conocer a Cristo y darlo a conocer: crecer en santidad y en carácter cristiano y con amor obedecer la comisión de comunicar el Evangelio. Nada de esto se cumplirá sin la instrucción sólida y la aplicación práctica de la palabra de Dios. Los fariseos conocían muy bien las Escrituras, sin embargo, el espíritu de la Ley no tenía cabida en el endurecido corazón de ellos y mucho menos en la vida que se caracterizaba por la hipocresía. Ellos no querían imitar el ejemplo del hombre sabio de la parábola que "oye estas palabras [las de Cristo], y las hace". ¿Está su clase llena de creyentes apáticos, o de discípulos dinámicos? El mundo reconocerá a Cristo cuando los verdaderos creyentes vivan por la Palabra y se dejen dirigir por ella. Nunca ha sido fácil vivir para Cristo, pero Él es la vida misma. Debemos desafiar a nuestros alumnos a que vayan donde los necesitados, los que sufren, los que buscan, y que digan y también muestren que la vida es más que simplemente creer; que necesitan vivir para Alguien.

# Evaluación

Las siguientes preguntas lo ayudarán a medir y a mejorar su habilidad de ayudar a los alumnos a conectar la creencia con la conducta.

1. ¿Cuántos miembros de su clase sirven activamente en los ministerios de la iglesia? ¿Qué impresión de Dios tendría un

inconverso después de observar la vida de sus alumnos dentro y fuera de la iglesia?

2. ¿Qué tipo de preparación está dando a sus alumnos para que sean más efectivos al testificar de su fe?

3. Piense en las dos últimas lecciones que enseñó. ¿Saben sus alumnos lo que deben hacer en vista de lo que han aprendido? Si no saben, ¿puede usted mostrar con más efectividad cómo aplicar las verdades bíblicas?

4. ¿Cómo puede hacer que sus lecciones queden en la mente del alumno? ¿Cómo puede hacerlas más interactivas?

5. Los comentarios durante la clase, ¿se concentran en aplicaciones vagas y generales de la verdad espiritual, o en aplicaciones específicas que reflejan situaciones y circunstancias de la vida diaria?

6. ¿Se comunica usted regularmente con los alumnos y les da oportunidad durante la clase de que comenten y testifiquen de la manera en que han aplicado la verdad con el fin de promover la responsabilidad recíproca?

7. ¿Cuánto tiempo de la clase normalmente dedica al ministerio personal? ¿Se sienten cómodos sus alumnos cuando oran por las personas o les ministran?

8. ¿Qué oportunidades de ministerio ofrece en su clase y a través de ella? ¿Qué dones y habilidades únicas ha observado en los alumnos que puede incorporar a la clase o a la estructura del ministerio de la iglesia? ¿Ha canalizado estas habilidades?

## Notas

[1]Ron Hutchcraft, *The Battle for a Generation [La lucha por una generación]* (Chicago, Ill.: Moody Press, 1996), 108.

[2]Dallas Willard, "Rethinking Evangelism," *Cutting Edge* ["Una nueva perspectiva del evangelismo", *El filo de la navaja*] Volumen 5, Número 1, (invierno de 2001).

[3]Carey Huffman, "A Foundation for Disciple-Making," *Enrichment Journal* ["Un fundamento del discipulado", *Revista Enrichment*], Volumen 6, Número 1, (invierno de 2001).

4Stanley Horton, *What the Bible Says About the Holy Spirit [Lo que la Biblia dice acerca del Espíritu Santo]* (Springfield, Mo.: Gospel Publishing House, 1976), 209.

5Se expresa retóricamente el doctor Horton: "¿Puede haber límite de la abundancia de los dones que Él ha puesto a disposición de la Iglesia para la comunión, la vida, y la obra que debe realizar? Stanley Horton, *What the Bible Says About the Holy Spirit [Lo que la Biblia dice acerca del Espíritu Santo]* (Springfield, Mo.: Gospel Publishing House, 1976), 209.

# La enseñanza que deja una viva impresión

# Renueva el énfasis en el evangelismo

Por
Carey Huffman

Durante veinte años o más, muchos líderes de la iglesia han ayudado a perpetuar el mito. Se afirma que la escuela dominical ya no es efectiva desde el punto de vista evangelístico o como herramienta de asimilación. Aquellos que han creído el mito están sufriendo las consecuencias.

—Don Cox

El día antes de Acción de Gracias, Cristián conoció a Roberto a través de un amigo de ambos. Roberto acababa de ser promovido a gerente principal de la compañía. La promoción le había costado la armonía en el hogar. Se acercaba Navidad, y Roberto y su esposa Janet estaban prontos a divorciarse. Cristián comenzó a orar regularmente por Roberto y Janet y estaba decidido a auxiliarlos en ese tiempo de desesperanza.

Cuando Cristián supo que a Roberto, como a él, le gustaba el golf, no dudó en invitarlo a jugar. Los torneos de las mañanas de primavera no eran relajantes como los dos hubieran querido. El tema de conversación de Roberto generalmente era lo poco en común que tenía con Janet, particularmente cuando se trataba de amistades. Así que, a riesgo de no pasarlo bien aquella tarde, Cristián y su esposa Consuelo decidieron invitar a cenar a Roberto y a Janet.

Después de los enfadosos momentos de presentación, las parejas encontraron puntos de interés en común, y se comenzó a desarrollar una amistad que benefició al matrimonio de Roberto y Janet. Después de algunas reuniones informales, Cristián y Consuelo invitaron a Roberto y Janet a la reunión social mensual de la clase de escuela dominical. Ellos aceptaron debido a los buenos comentarios que en semanas recientes habían escuchado acerca de este grupo de personas.

Cristián y Consuelo fueron a casa de sus nuevos amigos para llevarlos a la reunión social. Esta se celebraría en casa de Edgardo, un amigo de las dos parejas. Camino a la reunión, Cristián explicó cómo había conocido a Edgardo. Poco tiempo después que llegó a la ciudad, Cristián recibió una invitación a participar en un torneo de golf de la ciudad. Edgardo y otras personas de la iglesia estaban sirviendo los refrescos en el decimoquinto punto de partida. El compañero de juego de Cristián le dijo que Edgardo era uno de los mejores jugadores aficionados, pero que ese año no había jugado porque el torneo coincidía con una reunión especial de la iglesia. Cristián nunca había dedicado mucho tiempo a pensar acerca de la religión, pero estaba en el proceso de reevaluar sus creencias y le intrigó lo importante que esto parecía ser para Edgardo.

El sábado siguiente, por casualidad según Cristián, se vio incluido en un grupo con Edgardo y otros dos amigos suyos. Los cuatro disfrutaron un tiempo muy agradable y Cristián aceptó jugar con ellos el siguiente fin de semana. Después de la tercera semana de juego, Edgardo y su esposa invitaron a Cristián y a Consuelo a un día de campo junto con otras familias.

Cristián dijo que había aceptado de inmediato. La mayor parte del grupo que estaba en ese día de campo eran integrantes de la clase de escuela dominical de Edgardo, que regularmente se reunían para actividades fuera de la iglesia. Pero había unos cuantos que aparentemente la única relación que tenían con la iglesia era los amigos que los habían invitado. Era evidente que los miembros de la clase de escuela dominical se interesaban en los demás por la manera en que interactuaban con ellos y por el tiempo que, antes de concluir la actividad, dedicaban a la oración por las necesidades de los demás.

Cristián y Consuelo esperaban en su corazón que Roberto y Janet también vivieran la misma experiencia al conocer a los demás integrantes de la clase de escuela dominical. Mientras Consuelo, Janet, y Roberto conversaban, Cristián revivía el momento en que él y Consuelo finalmente aceptaron la invitación al estudio bíblico el domingo en la mañana. La segunda semana que fueron, Consuelo y Cristián se quedaron al servicio de adoración y ambos respondieron cuando el pastor hizo el llamado al altar. Allí, rodeados de los amigos de la clase, entregaron su vida a Cristo.

Desde ese momento, el hambre que Cristián sentía por Dios

gobernó su vida. La disposición de Edgardo de pasar tiempo con él hizo que rápidamente creciera en su relación con Cristo. Cristián solía hacer bromas de cómo había sido discipulado en un campo de golf: su amor por Dios creció y sus tantos disminuyeron.

Cuando estaban a punto de llegar, Cristián musitó una oración. Pidió a Dios que hiciera por Roberto y Janet lo que había hecho por él y Consuelo. Sabía que Roberto y Janet necesitaban amigos, pero también sabía que lo que mayormente necesitaban era una relación con Jesucristo. Cristián tenía la confianza de que esa noche sería otro paso en el proceso de mostrar a Roberto y Janet el camino a la vida eterna.

La meta del estudio bíblico no es simplemente aprender la Palabra, sino vivirla. De esta manera exaltamos a Cristo en nuestra vida y quienes nos rodean tienen una vislumbre de lo que significa vivir para Él. Debido a que el propósito de la escuela dominical es llevar a las personas a un nivel más profundo de conocimiento de la palabra de Dios, debe ser también el lugar donde se desarrollen testigos y, por ende, debe ser la principal fuente de alcance evangelístico. Sin embargo, muchas personas ven con escepticismo el potencial de la escuela dominical como herramienta de crecimiento, porque nunca han visto una que funcione con efectividad. Pero sí podemos asegurar que hay escuelas dominicales que cumplen su propósito.

Thom Rainer, decano de la Escuela de Misiones y Crecimiento de la Iglesia Billy Graham en el *Southern Baptist Theological Seminary [Seminario Teológico Bautista del Sur]*, ha realizado una de las indagaciones más completas acerca de las características comunes de las iglesias que alcanzan personas para Cristo y las conservan. Cuando comenzó su indagación no tenía en mente probar la efectividad de la escuela dominical, pero en el resultado de su trabajo, él afirma:

> Cualquier duda en mí acerca de la escuela dominical se disipó cuando mi equipo de trabajo y yo...realizamos un estudio de 576 congregaciones en los Estados Unidos. Una vez más los datos nos mostraron que las iglesias que van a la vanguardia en nuestra nación valoran la escuela dominical como una herramienta para el crecimiento de la iglesia y la asimilación de miembros.... No encontramos otro método de asimilación que se comparara en efectividad con la escuela dominical.... La efectividad es clara, casi extraordinaria. La escuela dominical es el método de asimilación más efectivo de la iglesia evangelística de hoy.[1]

Si la iglesia no evangeliza a través de la escuela dominical es simplemente porque no ha planeado este aspecto de su misión. Considere el número de personas que ha sido alcanzado en el pasado a través de los diversos medios evangelísticos. ¿Cuántos están todavía en la iglesia? Rainer averiguó que la mayoría de los que hacen profesión de fe en un servicio aislado nunca participan activamente en la iglesia. Pero también llegó a la conclusión de que 83 por ciento de los nuevos cristianos que comenzaron a participar en la escuela dominical, cinco años después permanecían fieles.[2]

A través de los años, el gran crecimiento de la iglesia y los métodos y modelos de desarrollo han producido en casos aislados resultados extraordinarios. Muchas iglesias que una vez prosperaron en tales tendencias ahora son solo cascarones vacíos de su propia gloria pasada, porque nunca asimilaron las personas que alcanzaron. Por otra parte, a través de los años, la estructura de la escuela dominical ha dado buenos resultados cuando se ha usado adecuadamente. Si la iglesias decidieran cancelar la escuela dominical, necesitarían planificar algún programa muy parecido a ella para reemplazarla.[3] El asunto no es si la escuela dominical es efectiva para la evangelización, sino cómo podemos hacer que lo sea en mayor grado.

# Razones

La mayoría de las iglesias cuentan con algún tipo de escuela dominical, pero no han experimentado ningún tipo de crecimiento significativo a través de ella. Sin embargo, una escuela dominical que funciona bien puede ser uno de los ministerios más efectivos de la iglesia para responder el llamado de Cristo a alcanzar a las personas donde se encuentren.

## La escuela dominical responde al llamado y al deseo de Cristo

La Gran Comisión de nuestro Señor no solo nos dice qué debemos hacer, sino cómo hacerlo: "Por tanto, id, y haced discípulos a todas las naciones,...enseñándoles que guarden todas las cosas que os he mandado" (Mateo 28:19,20). Hechos 1:1 alude a "todas las cosas que Jesús comenzó a hacer y a enseñar". No podemos pasar por alto este mensaje de Cristo y ver buen éxito en nuestro esfuerzo evangelístico. Cualquiera iglesia que tiene como enfoque el cumplimiento de la Gran

Comisión, el sólido ministerio de la enseñanza será indispensable, y la escuela dominical es uno de los métodos más obvios de llevarlo a cabo. Si bien es cierto que hay muchos medios de promoción y ministerios de la iglesia que atraen a los inconversos, el crecimiento continuo se produce sobre la base del ministerio de la enseñanza de la Biblia.

## La escuela dominical responde a las necesidades y al deseo de la gente

¿Qué buscan las personas en la vida? Usted puede hacer esta pregunta a individuos de toda edad y de todo trasfondo y probablemente recibirá la misma respuesta. Quieren amistad. Quieren divertirse y aprender cosas que los guíen a una mejor vida. Quienes se sienten incomprendidos anhelan aceptación. Quienes tienen preguntas buscan respuestas. Algunos, en nuestra sociedad moralmente ambigua, buscan seguridad y otros están abiertos a tener una experiencia con lo divino—sea un objeto o sea una persona.

Nos sentimos atraídos a personas, lugares, y actividades que nos ayuden a satisfacer nuestras necesidades y nuestros anhelos. Si la iglesia existe para salir al encuentro de las personas en su punto de necesidad, entonces debemos preguntarnos: "¿Encontrarán lo que buscan en mi iglesia?" Considere lo siguiente: aunque no hay un ministerio que satisfaga enteramente estas necesidades, la escuela dominical puede proveer el mejor momento y lugar para satisfacer la mayoría de ellas. En otras palabras, la escuela dominical puede ayudar a la gente a "encontrar lo que busca".[4]

## La escuela dominical ofrece un ambiente de amistad

En primer lugar, ¿qué atrae a la mayoría de las personas a una iglesia en particular? Varios autores que escriben acerca del crecimiento de la iglesia han estimado que entre 79 y 86 por ciento toman tal decisión después de una invitación de un amigo o de un pariente.[5] Aunque la mayoría llega por el servicio de adoración o tal vez por una actividad eclesiástica, generalmente una conexión personal los atrae y los invita a participar. Mucho de lo que significa ser iglesia—alcanzar y enseñar, atender y compartir, amar y animar—sucede de mejor manera a través de las relaciones, particularmente en pequeños grupos. A juzgar por las actuales tendencias en el ministerio en nuestra fragmentada sociedad, la iglesia del futuro probablemente alcanzará a los inconversos a través de "la puerta lateral" de los pequeños grupos. En la mayoría de los casos, la escuela dominical es la más expansiva estructura pequeña en la iglesia que cuenta con personas de toda edad. Además, el hecho de que se la celebre antes (o después) del servicio principal, ofrece una gran ventaja para introducir a los asistentes a la comunión de la congregación. Debido a que quienes participan en la escuela dominical seguramente lo hacen también en el servicio de adoración y en otros ministerios de la iglesia, esta provee el mejor método de integrar los recién llegados en el proceso de discipulado, donde pueden crecer entre amigos y divertirse a la vez.

La Iglesia del Nuevo Testamento claramente muestra la función que la comunidad desempeña en el evangelismo; es un factor principal. La gente sabrá que somos discípulos de Cristo por el amor que hay entre nosotros (Juan 13:35). Cuando Jesús oró por sus discípulos (y aquellos que vendrían) (Juan 17:21), cada vez pidió "que todos sean uno...para que el mundo crea que tú me enviaste". En otras palabras, una de las mayores constancias del mensaje del evangelio es la unidad de los cristianos.

## La escuela dominical conecta el evangelismo con el discipulado

Así como el bebé que acaba de nacer halla nutrición en el seno de la familia, quienes nacen espiritualmente también encontrarán alimento en grupos que sean bastante pequeños como para conocer y atender las necesidades de cada individuo. La escuela dominical provee la clase de atmósfera afectiva y familiar en que el evangelismo se lleva a cabo en forma natural. La comprensión de que el evangelismo es una función natural de una iglesia saludable no debe ser un obstáculo a los planes y a las estrategias. No obstante, parece sensato canalizar la mayor parte de estos esfuerzos evangelísticos a través de un ministerio de discipulado básico, en que los nuevos creyentes puedan comenzar a crecer y a participar con otros en el ministerio. No queremos un evangelismo cuyo resultado sea

159

simplemente personas que se convierten; sino un ministerio que desarrolla discípulos. Aplíquese con seriedad a su labor de hacer discípulos y, en parte al menos, el evangelismo se desenvolverá por sí mismo. No sólo los que son discipulados tenderán a alcanzar a otros, sino que esta expresión de vitalidad atraerá otros.

# Responsabilidades

No es la mera existencia de la escuela dominical la que produce alcance o asimilación. Los maestros y sus alumnos deben tener una clara comprensión y expectativa de que el ministerio evangelístico debe llevarse a cabo en la clase misma y a través de ella. Esta determinación se desarrolla cuando usted dirige a su clase al cumplimiento de ciertas importantes tareas.

## Busque a Dios

Como ministros de la iglesia, nuestro llamado principal es a la comunión con Cristo. Nuestra principal responsabilidad hacia las personas que servimos es seguir las señales que Dios nos da. Tanto líderes como discípulos necesitan buscar la presencia de Dios a través de un tiempo de estudio de la Palabra y más oración de la que se requiere en la preparación para el ministerio. Hasta Jesús dijo que nada hacía por sí mismo, sino lo que el Padre le daba que hiciera (Juan 5:30).

¿Cómo podemos depender completamente de Dios para recibir poder y amor sobrenatural? No hay modelo de ministerio o conjunto de métodos que sea efectivo para todos; un solo tamaño no sirve todos. Usted debe recibir dirección única en una situación única. Juan 15:1-5 nos recuerda que una rama produce fruto sólo si está conectada a la vid. Sin Él, nada podemos hacer—menos cambiar una vida. Nada de verdadero o de perdurable valor ocurre a través de nuestra vida sin el poder de la presencia de Dios.

## Busque a la gente

Mucho de lo que se identifica como evangelismo es simplemente atraer a la gente a las actividades de la iglesia. Pero la mayoría no vendrá a menos que vayamos donde ellos. En el alcance y el evangelismo es el pueblo de Dios que inicia relaciones para comunicar el evangelio con mayor efectividad. Es decir, una cosa es la habilidad de articular la fe; otra es hacer que alguien escuche el mensaje. Un inconverso tal vez nunca escuchará la Palabra hasta que un amigo le hable de ella. La tarea principal del evangelismo, en relación con la escuela dominical, no es familiarizar a la gente con la Biblia, sino con aquellos que viven el mensaje de la Biblia. Los inconversos deben hallar el amor y la aceptación de auténticos creyentes, antes de asir el amor y la aceptación de Cristo.

## Practique la hospitalidad

Según Hechos 2:42-47, hay sellos que caracterizan a la iglesia primitiva, que en medio de tiempos de prueba floreció en el evangelismo: "Y perseveraban en la doctrina de los apóstoles, en la comunión unos con otros, en el partimiento del pan y en las oraciones". Como resultado, vivían milagros, disfrutaban el favor de la gente, y "el Señor añadía cada día a la iglesia los que habían de ser salvos". Ya hemos considerado tres de esas características como importantes ventajas de la escuela dominical. La cuarta tiene que ver con la comunión y el "partimiento del pan". Es un asunto de hospitalidad que implica recibir personas en nuestra vida y darles la bienvenida en nuestro hogar. Podemos trabajar con cualquier persona, pero el tiempo de esparcimiento lo dedicamos a aquellos que son importantes en nuestra vida. Si verdaderamente nos interesamos en los perdidos y si esperamos que reciban a Cristo en su vida, debemos recibirlos en nuestra vida primero.

La estrategia no es compleja. Si queremos ver crecimiento evangelístico en nuestras clases, no solo debemos procurar invitarlos a la clase, sino esforzarnos por tener comunión con ellos fuera de las paredes de la iglesia. En cierto sentido, esto significa que debemos saber como "tener fiesta"[6] con la gente. Después de todo, hasta aquellos que se oponen al evangelio probablemente no se opondrían a compartir un poco de comida y diversión. Si en un ambiente social se integran como miembros a la vida de la escuela dominical, será difícil que usted los mantenga alejados del estudio de la Biblia. Casi tan importante como el plan de la lección para cada semana, la atención a los miembros de la clase y el seguimiento de los ausentes, el orden del día para la clase debe incluir periódicas reuniones informales o salidas sociales como un ambiente para que los miembros traigan visitas. Si cada mes invitamos a una reunión social a todos los miembros de la clase y los aspirantes a miembros, estableceremos una estrategia que hará que el grupo crezca de manera rotunda y que la clase alcance a otras personas.[7]

## Invite

Por alguna razón, muchos piensan que estar siempre llamando a la gente que visita la iglesia para sólo invitarlos a la clase es prácticamente una violación de la Regla de Oro. Sin embargo, cada mes podemos invitarlos a una reunión social y, generalmente, apreciarán la invitación, en tanto no los presionemos o no los hagamos sentir culpables si deciden no asistir.

Para ayudar a la gente a sentirse a gusto en una clase, la estrategia de invitarlos a una reunión social se puede emplear efectivamente con toda edad. Si alguien desarrolla una amistad con miembros de su clase porque disfruta la compañía de ellos en un ambiente social, pronto esta persona se sentirá animada a participar en un estudio bíblico para estar en compañía de sus amigos. De hecho, cuanto más joven los futuros miembros, tanto más probable será que den el gran salto de la fiesta a la clase.

Cuando anuncie las fiestas y las reuniones sociales, no lo haga solamente en la hora de reunión; llame por teléfono y envíe invitaciones a todos los inscritos en la lista de su clase. Después, extienda invitaciones a todas las personas que aún no asisten a la clase pero cuyo nombre usted conserva en una lista aparte. Además invite a los miembros de la congregación que no asistan a la escuela dominical pero cuyas características armonicen con las de los miembros de su clase. Las clases de niños se pueden unir para celebrar una actividad a mayor escala que atraiga a otros. Aunque los adolescentes quieren también participar en grandes actividades, no les disgustan los grupos más pequeños. Cuanto más avanzan en edad los alumnos, tanto más les atraen los pequeños grupos. El ambiente ideal para la mayoría de los adultos es un hogar donde se pueda desarrollar relaciones.

Tenga paciencia cuando invite a sus reuniones sociales. La amable insistencia lo ayudará a aceptar el "no" tanto como el "sí". Es posible que sus alumnos extiendan una docena de invitaciones a sus amigos que no asisten a la iglesia, antes de que estos acepten venir. La constancia y la persistencia pronto harán posible que vea un aumento en la participación.

## Satisfaga las necesidades prácticas

Otro aspecto de la búsqueda de las personas es determinar y satisfacer sus necesidades. Para identificar lo que necesitan, evalúe su clase y las necesidades que se debe satisfacer. Después, busque personas que tienen necesidades semejantes. Si las necesidades de sus alumnos son satisfechas, la gente se abrirá paso para venir a su clase.

Una de las maneras más prácticas de ministrar a las necesidades de las personas—no solo de los que se ausentan, sino de todos los miembros y posibles miembros—es por el teléfono. Considere esas llamadas como ministerio personal. Sin entrometerse, quien llama debe ofrecerse para hacer una breve oración por las necesidades. Con el tiempo, las personas esperarán anhelantes este tiempo de ministerio y durante la conversación telefónica se abrirán para hablar de necesidades mayores. Si usted desempeña este ministerio, Dios satisfará las necesidades en maneras que se relacionen directamente con su clase.

# Preparación

Si usted ha determinado ser más evangelístico y a través de su clase iniciar a otras personas en el discipulado, debe prepararse para cuando estas lleguen. En vez de mejorar la percepción que la gente tienen de Dios y de la iglesia, cuando, después de extender una amable invitación, reconoceremos que no estamos preparados para recibir a los que vienen a la clase o a actividades sociales.

## Prepare el lugar donde los recibirá

Aunque la imagen no es todo, la percepción sí puede serlo. Su cuidado e interés por las personas debe ser evidente en la buena calidad de todas las cosas relacionadas con el ministerio. Las actividades deben planearse y llevarse a cabo con la mente puesta en los visitantes. La comunicación y la publicidad deben ser de la mejor calidad. La atmósfera del salón de clase debe invitar al compañerismo y al estudio interactivo de la Biblia, y la decoración debe atraer a los alumnos de la edad que usted enseña. Si perciben que usted en efecto se interesa en ellos y que siempre está dispuesto a atender las necesidades de cada uno, los alumnos disfrutarán su compañía y escucharán lo que usted les quiera comunicar.

Cuando se trata de reuniones sociales fuera de la iglesia, las personas que tienen "el don de la fiesta" pueden ayudar inmensamente con esta parte crucial del proceso evangelístico. La planificación efectiva de las fiestas requiere pensar en cómo se sentiría una persona que nunca ha visitado la iglesia. Cuando quienes normalmente no asisten a la iglesia tienen el valor de entrar en una habitación donde hay solo extraños, y se arriesgan a desperdiciar una tarde o a sentirse incómodos, sería bueno que alguien "les extendiera la alfombra roja": les sonría, les estreche la mano, los ayude a integrarse a la charla, los presente al grupo. No es correcto invitar a una persona para después tratarla con poca consideración. El propósito de la fiesta es que en algún momento de la velada el visitante piense: "Este es el tipo de personas que me gusta frecuentar. Me siento bien aquí."[8]

Generalmente los alumnos de toda edad durante la semana se dedican al trabajo y al estudio, y cuando llega el fin de semana quieren divertirse. Cuando llegan a la fiesta, se reúnen en grupos de cuatro o seis. Mucho depende de si se incluye a los visitantes en esos grupos.[9] Si durante las primeras visitas las personas no sienten una conexión con seis a siete personas del grupo, probablemente no volverán, no importa cuánto hayan disfrutado todo lo demás. La gente le interesa más encontrar amigos que una iglesia amistosa. Cuando los visitantes desarrollan lazos de amistad que lo unen al grupo fuera y dentro de los muros de la iglesia, fácilmente harán la transición a otras actividades de ministerio.

## Prepárese

La habilidad para enseñar es una variable importante en la proyección del crecimiento de una clase. Aunque Dios utiliza como instrumentos suyos gente común con habilidades comunes, todo maestro debe aplicar los principios de la buena comunicación a las lecciones que tienen como meta satisfacer necesidades. Podemos tener todas las fiestas y actividades para reunir una multitud, pero si la gente no escucha un mensaje con significado para la vida diaria, no los conservaremos, no importa cuántas veces los invitemos.

Una clave de la buena preparación de la lección es comenzar temprano. No espere hasta el último minuto, cuando se vea obligado a juntar información de aquí y de allá. Permita que su mente tenga suficiente tiempo para recopilar ideas, ilustraciones, y que pueda "digerir" los temas y puntos de importancia. En el subconsciente puede preparar parte de la lección, mientras está ocupado en otras cosas. Otra clave: sea usted mismo un estudiante. Su enseñanza se caracterizará por la autenticidad y la credibilidad, si usted mismo constantemente satisface el deseo de aprender de la Palabra y de otros líderes. Recuerde, no hay material de enseñanza que por sí mismo sea pertinente o práctico, ni que se adapte a los alumnos; esa labor le corresponde al maestro. No espere que la lección le dé más que el esmero que usted ponga en ella.

Sobre todo, sea un estudiante que ora, a quien el Espíritu Santo dirije en su labor. Para que la lección sea poderosa, además de atender todas las áreas, incluida la del evangelismo, usted debe pasar tiempo en la presencia de Dios, debe pedirle que conforme a su voluntad obre en su vida y en la de los alumnos.

## Prepare a sus alumnos, la estructura, y la estrategia

Si usamos la escuela dominical u otras reuniones como un medio de discipulado no es solo para que la gente asista a la iglesia o participe en ella; el propósito es desarrollar la madurez espiritual y hacer que las personas participen con sus dones en la obra del ministerio. Quienes tienen oportunidad de servir en el área de su talento, desarrollarán un sentido de pertenencia en el ministerio en general. Y si aquellos que participan se sienten bien, también sentirán la confianza de invitar a amistades y familiares que ven la iglesia con escepticismo.

La preparación para el crecimiento es hacer que los alumnos participen en el liderazgo. Las siguientes funciones auxiliarán el proceso del evangelismo y del discipulado. En una clase más pequeña, estas posiciones pueden combinarse. Una regla generalizada es contar con un obrero por cada cinco o siete concurrentes.

### Líder de comunicación interna

El líder de la comunicación interna coordina el contacto con todas las personas que estén inscritas en la lista. Él o ella puede delegar responsabilidades a un equipo, con el fin de que cada participante se comprometa a hablar con ciertas personas durante la semana. Así, todos en la lista recibirán por lo menos una llamada al mes y los miembros del equipo, en vez de decir un rápido "te extrañamos", tendrán tiempo de conversar y orar con la persona. El líder de la comunicación interna debe ocuparse de que todos reciban una invitación a la reunión social del mes. Todos los ausentes deben ser contactados cada semana. Si es posible, todos los miembros de la clase deben firmar una tarjeta para expresar que extrañaron la presencia de quien no asistió. La tarjeta debe enviarse al siguiente día.

### Líder de alcance

El líder de alcance cumple la función de coordinador de evangelismo y es responsable de todos los que no estén inscritos en la lista de la clase. Su responsabilidad incluye todos los de la lista de posibles alumnos, los que esporádicamente visitan la clase o las reuniones sociales, y quienes han estado en un servicio de adoración u otra actividad de la iglesia y que podrían ser alumnos de la clase. Cuando hay visitantes en la clase, este líder es responsable de obtener información para el seguimiento.

### Líder de actividades sociales

El líder de actividades sociales coordina y delega los aspectos de actividades fuera del salón de clase y reuniones sociales en los hogares. Este líder no es necesariamente el gestor de todas las ideas o el que planea todas las actividades; sin embargo, debe preocuparse de mantener viva entre los alumnos la interacción fuera del salón de clase y proveer la atmósfera propicia para que los alumnos inviten a otros y los presenten a los demás miembros del grupo.

### Líder de hospitalidad

El líder de hospitalidad tiene la responsabilidad de atender a los nuevos y a los alumnos regulares y procurar que se sientan acogidos en la clase y en las reuniones dentro y fuera de la iglesia. Esta persona responsabiliza a alguien del refrigerio y a otros de dar la bienvenida a la clase. También se preocupa de propiciar el ambiente para la conversación y la interacción. Los huéspedes deben conocer formalmente por lo menos tres alumnos y el maestro, y durante la clase, la reunión social, u otra actividad nadie debe estar sin compañía.

### Líder de oración

El líder de oración formará un pequeño equipo de colaboradores que oren por la clase, los líderes, las necesidades de los alumnos, y por los que se unirán al grupo como resultado del ministerio. Esta persona también debe dirigir o colaborar con el tiempo de ministerio durante la clase y las actividades, y debe planear un método para publicar las peticiones que presenten los miembros del grupo.

### Presidente de la clase

El presidente de la clase ayuda al maestro en todo lo que sea necesario y coordina el esfuerzo de todos los demás líderes de ministerio del grupo. Esta persona también se asegura de que los demás líderes tengan oportunidad de informar acerca de los ministerios y las actividades que cuentan con el patrocinio de la clase.[10]

Usted puede ministrar efectivamente solo a aquellos de quienes tiene información. Para crecer, es necesario que los nuevos se unan al grupo y que los que son parte de él permanezcan. Los buenos informes lo ayudarán a hacer un seguimiento de quienes tal vez solo concurran a las reuniones sociales y de aquellos que poco a poco se estén alejando. Los informes lo ayudarán a definir el progreso y establecer metas, a anunciar y promover con mayor efectividad.

# Presentación

Lo que ocurre durante la hora de la escuela dominical puede reforzar o anular todo el trabajo de la clase. No hay actividad, invitación, o función que por sí misma produzca crecimiento y estabilidad. La presentación de la clase debe ser pertinente a la vida de los oyentes; debe satisfacer las necesidades de ellos, y afianzarlos en el proceso de discipulado a través de las oportunidades del desarrollo de nuevas relaciones. Estos son los asuntos, los interrogantes que los alumnos esperarán ver contestados para decidir si se unirán o no a su clase.

### ¿Con quién me encontraré?

Cuantas más conexiones las visitas establezcan con los miembros de la clase, tanto más probable será que vuelvan. La atmósfera debe fomentar las relaciones; la interacción y la conversación deben posibilitar que las personas se conozcan.

### ¿Será una experiencia que disfrutaré?

Los alumnos no esperan una escuela dominical que los haga reír a carcajadas o que los mantenga en movimiento, sino una clase que sea amena e interesante, que los haga sentir que no han perdido el tiempo. Considere el toque leve; hasta los temas más complejos son bien recibidos (aun aceptados) cuando los presentamos con una chispa de buen humor. Una fuente de esta clase de humor es simplemente observar con más atención los tontos detalles de la vida. No tema mostrar su pasión por lo que habla; el entusiasmo es contagioso. Haga una presentación variada; incorpore la tecnología para que los alumnos aprendan y retengan lo que recibieron en la clase.

### ¿Qué efecto tendrá en mi vida?

Si sus alumnos están convencidos de que la clase enriquece la vida de ellos, el domingo se levantarán e irán expectantes de lo que recibirán. Ellos querrán estar allí si lo que aprenden los ayuda a mejorar su actitud hacia el trabajo y la familia. Esto quiere decir que la enseñanza es pertinente y que se deja tiempo para los comentarios y la aplicación de la verdad. La clase debe tener tal significado, que los alumnos deben estar siempre dispuestos a hablar a los ausentes de lo que se perdieron, en vez de simplemente decir que los extrañaron.

Con regularidad dé oportunidad a los alumnos para que cuenten su testimonio personal. Cuando escuchan a alguien hablar de cómo la fe de ellos los ha ayudado a sobrevivir tragedias, divorcio, traición, o dificultad en el trabajo o en la escuela, los inconversos estarán más dispuestos a considerar la verdad por ellos mismos. Si usted cree que la experiencia de un alumno sería una buena ilustración de su enseñanza, pídale que la comunique al resto de la clase.

## ¿Encontraré respuesta a mis preguntas?

Tanto creyentes como inconversos verán con más facilidad la conexión entre la verdad y la vida, cuando la verdad responde los interrogantes de ellos. La lección debe responder muchos "cómo" y "por qué". Los inconversos deben encontrar la respuesta a los asuntos de la vida que "obstaculicen la fe". Los creyentes necesitan estímulo y recursos para hablar de su fe a los escépticos de este mundo. Para saber los interrogantes que hay en la mente de las personas, solo debe preguntar. Para hacer la conexión, emplee ejemplos personales y testimonios. En esta sociedad que se mueve con mucha rapidez pero que reflexiona con mucha lentitud, la escuela dominical puede tratar de manera directa con los complejos problemas relacionados con la fe y la vida; asuntos que demandan atención más profunda que la que provee el servicio u otras actividades.

## ¿Cómo puedo hacer un aporte significativo?

Si usted no da oportunidad de que la gente participe en la acción, probablemente no los verá por mucho tiempo. Desde la primera visita a una clase, a una actividad, o a una reunión social, la persona debe sentir que tendrá la oportunidad no solo de recibir, sino también de dar, de desarrollar algún ministerio.

## ¿Tendré un encuentro con Dios?

La palabra de Dios se confirma de manera más persuasiva cuando el Señor obra en la vida de la persona en el momento mismo en que esta escucha el mensaje. Con esto no queremos decir que se debe intimidar a los visitantes con un despliegue de espiritualidad. Sin embargo, pocos dirán que no si alguien se ofrece para orar con ellos. El creyente que se preocupa y que permanece fiel en tiempo de necesidad dejará una viva impresión en la vida del inconverso. Cuando vio la multitud y fue movido a compasión, Cristo respondió porque dedicó tiempo a atender las necesidades de manera práctica y, generalmente, milagrosa. Hagamos nosotros lo mismo.

# Expectativas

¿Qué espera usted del trabajo evangelístico de su clase? La Biblia enseña que Dios puede obrar mucho más de lo que pedimos o de lo que esperamos. Sin embargo, la mayor parte de lo que ocurra dependerá de que su clase busque a Dios y se interese en los demás, de que la clase satisfaga las necesidades prácticas y de relación con otras personas. Usted puede preparar a sus alumnos para el crecimiento evangelístico. Adviértales de que tal vez el crecimiento será doloroso; de no hacerlo, es posible que, aun aquellos que quieren ver aumento espiritual y numérico, en vez de recibir con brazos abiertos a los nuevos, se opongan a los cambios que se produzcan como consecuencia de él.

## Multiplicación y división

El propósito del evangelismo es alcanzar a otros con el evangelio e invitarlos a que se integren a un grupo que los ayude a crecer en la fe y los haga adquirir conciencia de su responsabilidad. Estas metas se alcanzan más fácilmente en pequeños grupos. Si consideramos que un grupo efectivo en el área del evangelismo tenderá a crecer, más tarde o más temprano deberá reorganizarse en grupos más pequeños. Debido a que el evangelismo tiene que ver con el crecimiento espiritual, con el tiempo las clases deben dar origen a nuevas clases. Los alumnos deben esperar esta multiplicación y, en vez de verla como un "castigo" por el crecimiento, deben aceptarla como un tipo de "graduación".

Los maestros y los líderes de la clase también necesitan multiplicarse, deben orientar a los que a su vez dirigirán los nuevos grupos. Cuando llegue el momento, las personas deberán tener la posibilidad de decidir dónde quieren ir. El maestro nunca debe decidir lo que la persona hará en el proceso. Simplemente, debe comenzar una clase con un nuevo énfasis o debe procurar que el énfasis original tome otro rumbo. Quienes decidieran quedarse deberán hacerlo sin reserva ni resistencia, y los que optaran por ir a la nueva clase deberán hacerlo con entusiasmo.

A todo nivel, la formación de nuevos grupos siempre ha sido difícil. Sin embargo, esta es la clave para avanzar de la supervivencia al florecimiento. Doblar el número de la clase tal vez no es aumentar de 10 a 20, sino que de un grupo se formen dos. El crecimiento es normal—un signo de buena salud—; pero los alumnos necesitan aprender a enfrentar los cambios que se produzcan.

## Considerar el precio

Cristo vino "para salvar lo que se había perdido" (Mateo 18:11); pagó el precio máximo. Él nos ha encomendado la cosecha, pero ese privilegio viene sólo con la entrega personal. En algún momento los alumnos cristianos deben aceptar el hecho de que mucho de lo que ocurre en la iglesia no es para comodidad de ellos, sino para comodidad de los que se pierden, para satisfacer sus necesidades, y para que el corazón de ellos se abra al evangelio. Si son efectivamente discipulados, nuestros alumnos participarán activamente en el ministerio y la madurez los hará avanzar de "¿qué beneficio obtendré?" a "¿qué puedo hacer para que otros obtengan lo que necesitan?"

Hay que pagar un alto precio cuando se trata de amar sin esperar nada a cambio. Significa arriesgarse emocionalmente y dedicar tiempo y esfuerzo a las clases, a las reuniones sociales, y a las demás actividades que atraigan a los visitantes. Significa que será necesario reorganizar las prioridades y modificar los horarios. Significa planificación, preparación, y tal vez aceptar que habrá más personas que no responderán a la invitación. Pero una vez que los alumnos se impregnan con la visión y superan las etapas iniciales—planificar, reestructurar, e invitar a amigos que no asisten a una iglesia—, el ministerio se convierte en la aventura de prever lo que Dios hará a través de la clase.

La labor principal del evangelismo no es atraer a las personas, sino alcanzarlas donde estén, y ofrecerles la posibilidad de que "vean" la Palabra viva en vez de esperar que se sienten y estudien la escrita. Es permitir que vean a Cristo en nuestra vida antes de que decidan entregarle su vida. Es la oportunidad de que las personas desarrollen relaciones personales con los alumnos—fuera de la iglesia—y preparar el ambiente para recibirlos cuando vengan a la clase. Es hacer todo lo posible para ofrecerles un lugar donde puedan divertirse, desarrollar amistades, y crecer en la fe en compañía de otras personas que aman a Cristo y que quieren compartir su amor.

# Evaluación

Las siguientes preguntas lo ayudarán a evaluar y a renovar el énfasis evangelístico de su clase de escuela dominical.

1. ¿Creen sus alumnos que la escuela dominical es un ministerio evangelístico? ¿Cómo puede inspirarlos a que piensen en esta posibilidad? ¿Han buscado usted y sus alumnos la dirección específica de Dios en relación con el crecimiento de la clase?

2. ¿Qué cree que busca la gente de su comunidad? ¿Podrán encontrar en su clase lo que buscan?

3. ¿Cómo se sentiría una persona que viene por primera vez a su clase? ¿Se sentirían cómodos los alumnos de invitar amigos escépticos a la clase o a las demás actividades? ¿Qué debería cambiar para sentirse cómodos de hacer tal invitación?

4. ¿Qué actividades sociales puede (o podría) ofrecer su clase para que los alumnos inviten a sus amigos y presentarlos al grupo fuera de la iglesia?

5. ¿Qué responsabilidades ministeriales deben asumir sus alumnos para atender a todos los miembros de la clase y facilitar el evangelismo?

6. ¿Qué impresión causa la clase en la vida de sus alumnos? ¿Da

oportunidad a sus alumnos de que durante la clase hablen de sus experiencias en el Señor? ¿Da oportunidad de que las personas tengan un encuentro con Dios en su clase?

7. ¿De qué manera enfrentaría su clase los "dolores" derivados del crecimiento evangelístico? ¿Cómo prepararía a sus alumnos para los cambios inminentes? ¿Qué haría para multiplicar el ministerio de ellos y entrenar líderes para las nuevas clases?

## Notas

[1]Thom S. Rainer, *High Expectations [Altas expectativas]* (Nashville, Tenn.: Broadman & Holman, 1996), 31-2.

[2]Ibid., 45.

[3]Kem Hemphill, *Revitalizing the Sunday Morning Dinosaur [Cómo rivitalizar el dinosaurio del domingo por la mañana]* (Nashville, Tenn.: Broadman & Holman, 1996), 30.

[4]"Encuentre lo que busca . . . en la escuela dominical" es el tema de *Dadles lo que quieren* (Springfield, Mo.: Gospel Publishing House, 2001).

[5]Hemphill, *Revitalizing the Sunday Morning Dinosaur,* 41.

[6]Como usted notará por el uso de las comillas, personalmente no me siento completamente cómoda con el uso de la palabra "fiesta" en el contexto de este capítulo. No obstante, no pude encontrar un sinónimo (v.g. "agasajo", "camaradería", "convite") que exprese lo que quiero decir. Así que, en vez de atribuir el término "fiesta" "al mundo", lo uso en el contexto de la iglesia, particularmente, la escuela dominical. Cuando lo uso en este capítulo, quiero expresar "la algarabía de la reunión, el fervor, la interacción de mente y de corazón, la posibilidad de disfrutar la compañía..."

[7]Josh Hunt, *You Can Double Your Class in Two Years or Less [Usted puede doblar la asistencia de su clase en un año o menos]* (Loveland, Colo.: Group Pblishing, 1997), 59.

[8]Ibid., 75.

[9]Ibid., 76-7.

[10]Adaptado de Josh Hunt, 119–21.